1日1分からはじめる

速読勉強術

宇都出雅巳

PHP文庫

○本表紙図柄＝ロゼッタ・ストーン（大英博物館蔵）
○本表紙デザイン＋紋章＝上田晃郷

まえがき――文庫化にあたって――

勉強したい人にとって便利な時代になりました。

何か調べたいとき、インターネットで検索すれば、入力したキーワードに関連したウェブサイトがあっという間に出てきます。関連する本もすぐにわかり、オンライン書店で注文したり、図書館で予約したりすることも一瞬でできます。また、無料のマニュアルや音声・動画セミナーも公開されています。膨大な情報が、簡単に手に入る時代になったのです。

あなたを含め、誰の前にも広がっている広大な「情報の海」。

あなたはこの海に飛び込んで、あなたの仕事や人生に生かしていますか？　あまりの膨大な量に圧倒されて、「自分にはムリだ」と諦めていませんか？

本書で紹介する「速読勉強術」は、よけいな時間やお金をかけずに、この「情報の海」に飛び込み、活用していく勉強法です。

その核となっているのは「速読」。

ただし「速読術」ではありません。私は二十年以上にわたりさまざまな速読術を学んできましたが、それをいかに自分の人生や仕事に役立てられるかを考え、実践してきました。その結果生まれた「勉強術」なのです。

このため、速読ができるようになるための訓練は一切いりません。本書を読むだけで、すぐにあなたの勉強に活用できます。しかも、一日一分からはじめられる、忙しい人でも実践できる方法です（実は一日三秒からでもはじめられます！）。

私はこの「速読勉強術」でここまで人生を切り開き、乗り越えてきました。担任の先生から「東大は絶対ムリ」と言われた状態から東大に現役合格、三十歳になってから目指したアメリカのビジネススクールに入学してＭＢＡを取得し、ＣＦＰ®（上級ファイナンシャル・プランナー）試験に一ヵ月で六課目一発合格、未知の分野だったセールス、コーチングを学んで独立起業し、本を出版する……。

すべて「速読勉強術」なしには考えられなかったことばかりです。そして、今もこれがあるから、将来もなんとかなるだろうという安心感があります。誰にでも手の届くようになった「情報の海」。このチャンスを生かさない手はありません。まずはこの本を手にして飛び込んでみてください！

二〇一〇年七月

宇都出雅巳

1日1分からはじめる
速読勉強術　目次

4章 高速大量回転法を実践する！ テーマ別目標達成のコツ

5章　忘却との戦いを制す！「目次記憶法」

序章——

みんな忙しいから、勉強すれば差がつく！

01 忙しい人にこそ最適な勉強法がある！

●「忙しい」と諦める前にやることがある

「何か勉強していますか？」

そう問われたとき、あなたは何と答えるでしょう。

「忙しくて勉強している暇なんかないです」

おそらくそんなふうに答えるのではないでしょうか。でもちょっと待ってください。

確かに正社員枠の削減などで、一人あたりの仕事量は増大する傾向にあり、目の前の仕事をこなすのに精一杯の忙しい毎日です。

しかし、競争の激化、年功序列や終身雇用の崩壊など一人ひとりの地位が怪しくなったうえ、スキルアップもままならないそんな時代だからこそ、一社員として、一ビジネスパーソンとしてがんばらなければなりません。さらには、あなたの将来を考えながら進歩し、成長していかなければいけないのです。

おそらく本書を読んでいるあなたは、既に資格取得やスキルアップといった勉強の必要性は感じているのでしょう。それでも「時間が足りない」「忙しい」と言いながら、毎日の仕事・生活に流されていることに気づかなければなりません。

●たった一ヵ月でCFP®試験に合格！

忙しいあなたでも、一ヵ月の勉強で何かの試験に合格できるとしたらどうでしょう。あなたはどんな試験にチャレンジしたいでしょうか。

ほんの一ヵ月であればなんとかがんばってみようと思いませんか？　実際にその勉強法を実践し、たった一ヵ月の勉強期間でファイナンシャル・プランナーの上級資格であるCFP®試験に合格した人がいます。

CFP®試験は、金融資産運用設計、不動産運用設計、タックスプランニングなど六課目から成ります。よく整理された予備校や専門学校のテキストを用いたとして、合格ラインまで行くのに一課目五十時間、完全に仕上げるなら百時間はかかるともいわれます。

六課目合計で六百時間。仮に三ヵ月で済ませようとすれば、一日平均六時間半は勉強することになります。しかも、六課目受験者の一発合格率は一〇％を切るといいます。

この試験にたった一ヵ月で合格したというのはウソではありません。なぜなら、それを達成したのは私自身だからです。しかも、この試験勉強について、私は当時メールマガジンで逐一実況中継していました。

そのバックナンバーについては、今でも私のホームページwww.utsude.comの『本当に一ケ月でＣＦＰ®試験に一発合格した方法（現在は「高速大量回転・勉強術／仕事術」に改題）』で読むことができます。ぜひ、ご自身の目で確かめてみてください。

メルマガには、試験勉強の進捗状況について、私が実践する試験勉強法の解説とともに報告しました。

それを読んでもらうとおわかりになると思いますが、私が使ったのは過去問題集だけです。正直なところ、少し補助教材に手を出しそうにもなりましたが、最終的には過去問題集を集中して勉強し、合格しました。

多くの人が、資格試験に効率よく合格するためには、資格試験予備校に通う必要があると思われているかもしれません。しかし、私の『速読勉強術』に必要なのは、過去問題集、そして必要であれば基本テキストだけです。高いお金は必要ありません。

むしろ、予備校や数多く出版されている対策問題集などにお金を使うことを抑えることが大きなポイントになります。

もし、数千円のお金で何かの試験に合格できるとしたらどうでしょう。「それだったらなんとかやってみよう」と思いましたか？　あなたならどんな試験にチャレンジしたいですか？

●合格者が続出した『速読勉強術』

ここまで読んできて、「著者には特別な能力があるからそんなことができるのでは？　自分にはとてもじゃないけどムリだ」と思われた方もいるでしょう。

実際にメルマガ連載当時も読者の方から、そういう意見を寄せられたこともありました。確かに巻末の経歴を見ていただければわかるように、私は東大出身でアメリカのビジネススクールでＭＢＡを取得しています。だから、なおのこと「そこまでの能力がある人だから、一ヵ月で過去問題集だけで合格したんでしょう?」と言われてきました。

もちろん、私のそれまでの試験勉強における経験、学んできた関連知識、そして仕事経験が、一ヵ月合格のサポートになったことは事実でしょう。

しかし、私だって優等生の知的エリートだったわけではありません。実は、東大入試の半年前の模擬試験では、「Ｆ判定」（志望校変更の必要アリ）の悲惨な状況でした。しかも当時は、父が病気であったため、高校二年から新聞配達をして学費を稼いでいました。もちろん、予備校に通ったり、いろいろな参考書・問題集を買うお金などありませんでした。

必然的に、勉強に使えるのは学校の教科書、そしていくつかの参考書・問題集だけ。それをただひたすら繰り返し読んでいました。ところが半年の間にグングンと成績が上がり、最後には現役合格を果たすことができたのです。

今になってその勉強法を振り返れば、まさに『速読勉強術』そのものでした。

そのどこが『速読勉強術』なのか？

なぜそれが、半年の間でF判定の状況から東大現役合格を可能にしたのか？

その謎は、本書を読めばわかってもらえるでしょう。

それとあわせて、私のメルマガを読んで速読勉強術を実践した人々が、続々と各種試験に合格されたという事実をお知らせしておきます。なかには私と同じようにCFP®試験に一発合格された人もいらっしゃいました。

メルマガのバックナンバーには、そうした読者の方からの受験報告をできるだけ載せているので、そちらもご覧ください。『速読勉強術』の効果のほどを実見できるでしょう。

02 特別な訓練がいらない！『速読勉強術』

●数々の速読経験から生まれた勉強法

『速読勉強術』という名称から、「まずは速読できるようにならないとだめなんだ」と思う人がいるかもしれませんが、これは、速読訓練不要の勉強法です。速読から生まれた、速読訓練のいらない勉強法なのです。

私は二十年にわたって速読教室に通い、速読を訓練してきました。どんな訓練をするのか、今では多くの関連書籍、ソフトウェアが販売されているので、ご存知の方も多いでしょう。

黒点を凝視する集中力訓練、一目で見られる文字を増やす視野拡大訓練、スムーズに視点を動かしていく視点移動訓練、インプットした情報をアウトプットするための文字書き出し訓練など、さまざまな訓練を実践してきました。

これまでに通った速読教室は八つ、使ったお金は二〇〇万円以上。これだけ速読にハマった人もそんなに多くないでしょう。ですから、訓練の結果、自信を持って「私は速読できます」と言えます。

通常の人の数倍、もしくは一〇倍以上ものスピードで、理解度を保ったまま本を読むことができます。もう、速読能力なしで行う仕事や生活は考えられません。

そして、同時にその難しさを体験しました。一分間に一〇〇万字、一〇万字のスピードで本が読めるようになる！　読んだ内容がそのまま記憶できる！　といった速読教室の宣伝とは裏腹に、なかなかそんなふうにはいかないのです。

速読訓練は、ある意味、意識の訓練であり、精神修行のようなものです。訓練の成果には個人差が激しく出ます。何年やっても、なかなか分速一〇万字、一〇〇万字に達しない人も大勢いるのです。

そんな自分自身の体験と速読の実践から二つの原則を発見しました。聞いてみれば、「なあんだ」と思われるような当たり前のことです。その原則に基づいて本を読んだり、勉強すれば、速読ができようができまいが、驚くべき効果を発揮するのです。

●核となる「高速大量回転法」の原則

その原則とは次の二つです。

「速く読むから理解できる」

「一回目よりも二回目のほうが速く読める」

これだけです。いかがでしょう?

そして、この二大原則に基づいて私の勉強法をまとめたのが「高速大量回転法」。本書で紹介する『速読勉強術』の中核をなすものです。二大原則同様に、これもまたシンプルです。

どんな「本」でも、とにかく「高速」に、しかも「大量」に「回転」させて読むのです。この回転とは、絞り込んだ範囲を何回も何十回も繰り返すことです。

私のCFP®試験の例でいえば、過去問題集を一日に一回読むというのが基本でした。試験を受けるまでの一ヵ月足らずの間に一〇〇回以上回転させました。試験当日、試験直前の休憩時間だけでも、一〇回以上回転させたと思います。

さて、あなたの勉強法と比べてどうですか。あなたは何かの試験勉強をする際、問題集やテキストを一回読むのにどれぐらいの時間をかけているでしょう。また、何回転、何十回転させているでしょう。もし一日一回転させたり、試験までに一〇〇回転できたらどうでしょう。試験合格の可能性が一気に高まると思いませんか。

なぜ、それだけ「高速」に「大量」に「回転」させることが可能なのか、詳しくは3章で説明します。

●これまで本をほとんど読まなかった人でも実践できる

『速読勉強術』の二大原則を本当に理解して実践できれば、誰だって効率的な勉強ができるといわれても、そもそも「何を勉強したらいいの？」「勉強する気になるにはどうしたらいいの？」という人もいるでしょう。

そんな人のために、自分がやるべきことを見出し、絞り込む「マンダラート®」と、モチベーションを維持するための「質問法」を1章で紹介しています。九個のマスからなる「マンダラート®」は、書き込んだり、質問に答えていくだけで、だんだんと自分が勉強したい内容が明確になるとともに、意欲が高まってきます。

もちろん、既に何を勉強するかが明確で意欲満々の人は、1章を飛ばして2章から読んでもらっても構いません。

また、「速く読みましょう」と言われても、本を読み慣れていない人や、速く読むことに抵抗を感じる人もいるはずです。そんな人には、2章の高速大量回転法の基本に加えて、誰でもすぐに実践できる、本の「早読み法」を紹介しました。本を読み慣れている人にとっては、当たり前の方法ですが、ほとんど本を読んでいない人はここからはじめてみてください。

●あなたの脳が鍛えられていく

最近、音読や単純な計算問題を解くことで脳を鍛えるトレーニングがさかんになっています。確かにこれらのトレーニングは前頭葉を活性化させる効果があるようですが、鍛えた脳を使っていくことが肝心ですよね。

その点、この『速読勉強術』は、あなたが求める知識を増やしながら、脳を鍛える効果が期待できます。「高速」で読むことで、あなたの脳にインプットされる知識は爆発的に増えます。脳は増えた情報量を処理するため、活発に働きはじめます。

また、高速大量回転法の応用として「目次記憶法」を5章に紹介しました。これは「目次は本文のためにある」という一般的な認識を、「目次のために本文はある」という発想に逆転させることで、目次をコアにして本を記憶していく方法です。論述試験など、テキスト丸暗記が必要な試験勉強に効果的なほか、あなたの専門分野を強化するためにも使える強力な記憶法です。

『速読勉強術』の基本は高速大量回転法ですが、「フォルダ法」『空間法』などの記憶法も組み合わせています。これを実践するなかで、あなたのイメージ能力はどんどん発達していきます。いわゆる「右脳」を開発し、記憶力はもちろん、発想力も鍛えられる記憶術なのです。

●常識を捨て、あなたの人生を変える

「速く読む」ためには、「わからないこと」に引きずられないことが大事です。ついついわからないところで考え込んでしまいがちですが、それにとらわれずに前に進んでいくのです。『速読勉強術』では、「また次の回転で戻ってくるから」という余裕を持って、淡々と回転させていける意識を養うのが大切です。

そして、「大量回転」するためには、「本はせいぜい二、三回しか読まない」なんていう、小学校以来、知らず知らずのうちに身につけてきた、「常識」に気づき、それを捨て去って、意識を解放しましょう。

『速読勉強術』は、あなたの勉強や読書にパラダイムシフトを起こすものです。そして、それはあなたの仕事のやり方、人とのコミュニケーションの仕方、さらには人生の生き方にさえパラダイムシフトを起こす可能性があります。

ぜひ、『速読勉強術』を活用して、あなたの世界を広げてください！

1章——「何」のために「何」を勉強すればいいのか？

01 知識を得れば、新たな発想ができる

●これからの時代に必要な知識

変化がますます激しい時代。常に新しいものが求められる世の中です。従来にない新しい発想をするために、今までと同じことをしていては認められません。

意外に思われるかもしれませんが、そのために必要なのは豊富な知識です。

世の中には、実はまったく「新しいもの」は、ほとんどありません。新しいものは、既にどこかで作られたもの同士を組み合わせたり、ある分野のものを違う分野に応用したりしたものなのです。

ですから、歳をとったら新しいものを生み出せなくなってしまうわけではありません。逆に、若いころに得た知識を柔軟に組み合わせていくことで、創造力を発揮していくことが可能なのです。

ということは、知識、経験のストックが多ければ多いほど、新しいことを生み出せる可能性が高くなります。どん欲に勉強を続け、世界を広げていく意味はそこにあります。

勉強する人と勉強しない人。その差は時間が経つにつれ、どんどん大きくなっていきます。なぜなら、勉強する人の場合、既に得た知識が、関連する新しい知識を「引っかけて」くれるからです。

そして引っかけた未知の知識は、既知の知識と結びついてネットワークとして繋がっていきます。またそれがある一定の大きさを超えると、ビッグバンのように一気に新しい世界が広がっていくのです。

●知らない世界を知る驚きを大切に

知識がネットワークとなって繋がっていく感覚を初めて体験したのは、私がまだ高校生のときです。当時の私は子供のころからの吃音に悩んでいました。しかし、学校の先生にしても、親にしても、「ゆっくり話しなさい」といったありきたりのアドバイスばかりでした。

ゆっくり話そうと思っても、言葉が出てこないのが吃音です。学校の授業でも、日常生活の電話の受け答えでも、大変苦労していましたが、どんどんひどくなるばかりでとても心配でした。

そんなとき書店で出会ったのが、「これで、吃音は治る！」とキャッチコピーが書かれたリラックス法の本です。ご存知の方もいるかもしれませんが、いわゆる「自律訓練法」の本でした。自律訓練法とは、「右足がどんどん温かくなる」といった自己暗示をかけながら、自分をリラックスさせていく方法です。「こんな方法で治るのかな」と半信半疑ながらも、「だんだんと両手・両足が温かくなる……」と自己暗示をかけて、本に書かれている内容を実践してみました。すると、日が経つにつれ、吃音が改善していったのです。

また、書店でいろいろ探してみると、自己暗示法や催眠などが、ちゃんと学問として研究され、多くの本が出ていました。これには驚きました。このときの経験から、自分はもちろん、先生や親も知らない知識が、世の中には溢れていることを思い知らされました。

そして、知らない知識に簡単にアクセスできる「本」というメディアの可能性に目覚めたのです。

それからというもの、自律訓練法からつながる心理学や心理療法の本を読みはじめたほか、興味の赴くままに知識を得るようになりました。

今、私はコーチングという分野にたずさわっていますが、元をたどればこのときの経験に行き着きます。また、知識を得るために積極的に本を読むようになったのは、ここがスタートだったのです。

●読書のススメ――いつでもどこでもプロに出会える！

ひと昔前は、書店や図書館の本が知識を広げてくれる唯一の場でした。

しかし、今ではインターネットや携帯電話があります。もし、私が悩んだ「吃音」について、インターネットで検索できれば、あっという間に多くの情報が手に入ったでしょう。それを考えると本当に便利な時代になったものです。

ただ、本が時代遅れかといえば、そうは思いません。今でも「本」というメディアは偉大です。背表紙のタイトルから表紙の装丁、目次、まえがき、あとがき、章・節単位に分かれた構成、そして見出しといった本の構造は、知識をいかにわかりやすく、覚えやすく読者に伝えるかを考えて、文字の誕生以来、何千年にもわたって練り上げられてきた結果です。だからこそ、知らない世界への扉をスムーズに開けてくれるのです。

書店や図書館に行ってみてください。ずらっと並んだ本の背表紙のタイトル、または表紙のタイトルや説明が目に飛び込んできます。その本の一冊一冊のなかには、それぞれにあなたの知らない世界が待っているのです。

あなたに必要なのは、それをふと手に取ることだけです。そして、ページをめくることで、その膨大な知識の世界にアクセスすることができるのです。

また、こんなふうに考えることもできるでしょう。背表紙や表紙にある著者名を見てください。さまざまな分野の専門家、プロフェッショナルが並んでいますね。その人たちに実際に会うというのは簡単なことではありません。

でも、本であれば、そんな専門家・プロに、あなたが少し手を伸ばすだけで出会うことができるのです。

私は本書で紹介している『速読勉強術』によって、さまざまな世界の扉を開け、その世界を深く探検できるようになりました。そして自分の世界が豊かになり、人生が充実しています。

さて、目の前に広がっているあなたの知らない世界に、これまでどれだけ関心を持っていたでしょう。あなたが思う以上に、多種多様で膨大な知識がこの世にはあります。

しかし、あなたがその知識に触れるチャンスを生かすことができているか考えてみてください。そして、あなたはどんな世界の扉を開けたいのかを、これから『速読勉強術』で見つけ、飛び込んでいってください。

02 勉強の第一歩は「考える時間」を持つことから

●あなたの「やりたいこと」をのぞいてみる

私は自分の吃音を克服するために勉強をはじめ、知識を得る快感を覚えました。しかし、何のために何を勉強するかは、すべての人に共通するものではありません。一〇人に聞けば一〇通りの答えがあるでしょう。

そこで自分にとっての「何か」を見出すために、あなたに問いたいのです。

「あなたは自分をじっくり見つめる時間を持っていますか」

「周りに流されたり、評判に惑わされたり、現実に妥協していませんか」

「気づいたらなんとなく、今の学校やオフィスに通勤していませんか」

会社のことや仕事については考えていても、肝心の自分のことについて考えていません。必要なのは、自分の好きなことや、人生でこれだけは実現したいということに気づいて、そこから「ワクワク」を発見していくこと――ただこれだけなのです。

「何のために何を勉強すればよいのかわからない。結局のところ目標がない」なんて言い切ってしまう人は、その意識を働かせていないだけなのです。

しょせん人生なんてわからないと割り切ってしまえば、目の前の出来事に流されるのもアリかもしれません。でも、せめて「今は通過点だ」ということは意識してほしいのです。

忙しい仕事が渦のように自分を飲み込もうとするなかで右往左往するか、それとも、知識や情報を味方につけて、自分で波に乗っていくか。周囲に流されていることに気づかないで、無目的に資格を取ったり、漠然とスキルアップをめざしたり、ムダな教養をつけたりする前に、自分の心のなかをのぞいてみませんか。

「自分が本当にやりたいことは何ですか」
「十年後どうなっていますか」
「もし、あと三日の命だとしたら、何をやっておきたいですか」

自分の心にあらためて問いかけてみてください。

03 やりたいことをマンダラートで検索！

●あなたの人生を決めるのは誰ですか？

なぜ、自分に問いかけなければならないのか？

それは自分の人生だからです。あなたの人生を決めるのはあなただからです。あなたはどう生きたいのか？

どう生きるのかを誰よりも知っているのはあなたなのです。

「自分がやりたいことは何だろう？」

心に問いかけたら、それを紙に書き出してみましょう。紙に書き出すという単純な行為こそが、何かを達成する「取っかかり」には一番シンプルで強力な方法なのです。しかし、なかなかペンが動かないという人も多いでしょう。

思い浮かぶことなら何でも、どんな字で書いたっていいのですが、いざ言葉にしようとすると詰まってしまうものです。

●九つのマス、マンダラートがあなたの心を「検索」する！

そんなモヤモヤした思いを解きあかしてくれる方法があります。

それが「マンダラート®」です。

マンダラート®は、デザイナーの今泉浩晃氏が開発した創造思考の技術です。マンダラと呼ばれるカタチでメモを書いて、潜在意識（右脳）を活性化させるものです。

マンダラート®はとてもシンプルです。必要なのは、正方形が縦三つ、横三つに割られてできた３×３の九つのマス目です。このカタチは、悟りの境地や宇宙の真理、または人間の脳の構造、思考パターンに沿っていると言われています。

何の変哲もないカタチですが、これこそが人間の思考のカタチそのものなのです。ですから、これを使うことで、とても楽に、うまくあなたの思考をまとめていくことができるのです。

このマンダラート®はあなたの仕事、人生のあらゆる局面で活用できますが、ここでは、自分のやりたいことや目標がはっきりしないビジネスパーソンが、それらを明確にしていくことに絞って紹介していきます。

「自分をサーチする検索エンジン・マンダラート®」が、心のさまざまな側面にスポットライトを当てて、深く探り、やりたいこと、目標を「検索」し、明確にしてくれるでしょう。

●すぐにできるマンダラートのはじめ方

それでは、さっそくやってみましょう。

まずは紙を用意してください。何かの裏紙でもかまいませんので、最低でも十枚は用意してください。そこに正方形を書いて、碁盤の目のように九マスに区切ります。これでマンダラート®のできあがりです。なお、この一つ一つのマスのことを、マンダラート®では「セル」と呼んでいます。

こうやってできた九つのセルは、中心の一つのセル（中心セル）と、その中心を取り囲む八つのセル（周辺セル）にわかれます。

まずは、あなたが「検索」したいテーマ、考えたい質問を中心セルに書いてみ

マンダラート作成の手順

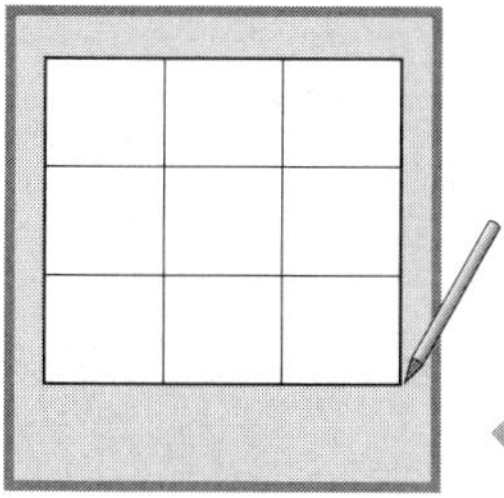

❶

9マスの碁盤の目を白紙に書き込む

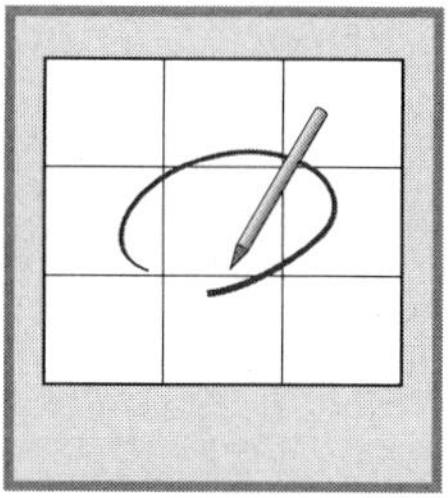

❷

「中心セル」にどんな漠然としたものでもいいから「目標」を書き込む

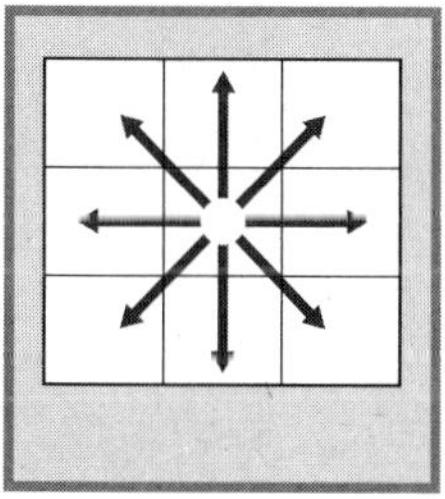

❸

上の②で書いた「目標」から連想することを「周辺セル」に書き込む

ましょう。たとえば、「私の目標」「私が勉強したいことは何か?」などです。実際に書いてみることが何よりも大事です。とりあえず、どんな紙でもいいので、九つのマスを書いて、中心セルに何かテーマや質問を書いてみてください。

次にそれを眺めてみてください。中心セルに「私の目標」と書いたとしたら、あなたの脳がそれに反応して、イメージが浮かび、言葉が出てくるでしょう。たとえば、「英語ができるようになりたいなあ」「起業したいなあ」「ファイナンシャル・プランナーになりたいなあ」などなど。そうやって浮かんできた言葉をそのまま、周辺セルに書き込んでいくのです。

●頭で考え込まずに書き出していく

ここで大事なのは、頭のなかで考え込まないことです。とにかく、頭に浮かんだことをマンダラート®にどんどん書き出してみましょう。漠然としていても、曖昧でも構いません。とにかく書き出すことです。

ここでマンダラート®のカタチが効いてきます。いきなり一つの目標に絞り込む必要はありません。八つもあるんですから気楽に書き出していきましょう。もし必要ならば、さらにもう一枚追加してマンダラート®を作ればいいだけです。

また、八つの空欄があることで、その空欄をなんとか埋めようと、あなたの脳は活発に働いて検索しはじめます。そして、中心セルに検索しているテーマや考えている質問が書いてあるので、そこからブレずに集中して検索・思考できるのです。

検索・思考の結果が少なくても多くても構いません。大事なのはあなた自身のなかから出てきたものであること。

何を勉強するにしても、ここからはじまります。あなたの思いがなければ勉強への意欲は出てきません。あなたの思いに結びついていなければ、ただ勉強してもそれは生きてきません。急がば回れ。ここをしっかりやっておきましょう。

04 マンダラの力で勉強テーマを絞り込む

●書き出したマンダラートが自然と動き出す

あなたが実際に書いたマンダラート®を眺めてみてください。たとえば、「自分の目標」という中心セルと、周辺セルに書き出された八つの目標。眺めているうちに、書き出された目標のつながりや、共通するテーマが見えてきたりするでしょう。また、書き出した言葉を別の言葉に変えたくなるかもしれません。

こんなときに便利なのが貼ったりはがしたりできる「フセン（付箋）」です。マンダラート®に直接書くのではなく、いったんフセンに書いてマンダラート®のセルに貼っておけば、移動がとても簡単です。これも試してみてください。

このようにすれば、マンダラート®の上に書き出されたあなたの目標は、よりまとめやすくなるでしょう。

●「周辺」が「中心」になり、さらに展開していく

また、マンダラート®を眺めているうちに新たなキーワードが出てきたり、どんどん自問自答が進みます。

たとえば、ある周辺セルに「起業する」と書いていた場合、自分が起業するビジネスのアイディアだったり、「いつまでに起業したいんだろう？」「どんな人と一緒に仕事をしたいんだろう？」といった具合にです。

これは周辺セルが、今度は中心セルになって、また展開しようとしているのです。こんなときは、新しいマンダラート®を作って、その中心セルに「起業する」という言葉を書いて、そこから浮かんでくる言葉を周辺セルに書き出して、さらに展開していきましょう。

一緒に起業したい友人の名前が浮かべば、それを書きましょう。対象としたい顧客層が浮かべば、曖昧でもいいのでとりあえず書いてみましょう。展開するなかで、あなたの目標はより具体化し、明確になってきます。

●5W1Hで問いかけよう

マンダラート®の中心に言葉を置くだけで、あなたの脳のなかの検索がはじまり、関連するイメージや言葉が引き出され、もやもやしていた頭のなかが整理されていきます。そして、さらにそれを具体化、現実化するために、次の質問を覚えておいてください。だれでも知っている基本中の基本の質問、5W1Hです。

①WHO―だれと？　だれに？
②WHEN―いつ？　いつまでに？
③WHERE―どこで？
④WHY―なぜ？　どうして？
⑤WHAT―なにを？
⑥HOW―どうやって？

この質問も問いかけて、さらにマンダラート®を展開していきましょう。

マンダラート具体化のヒント

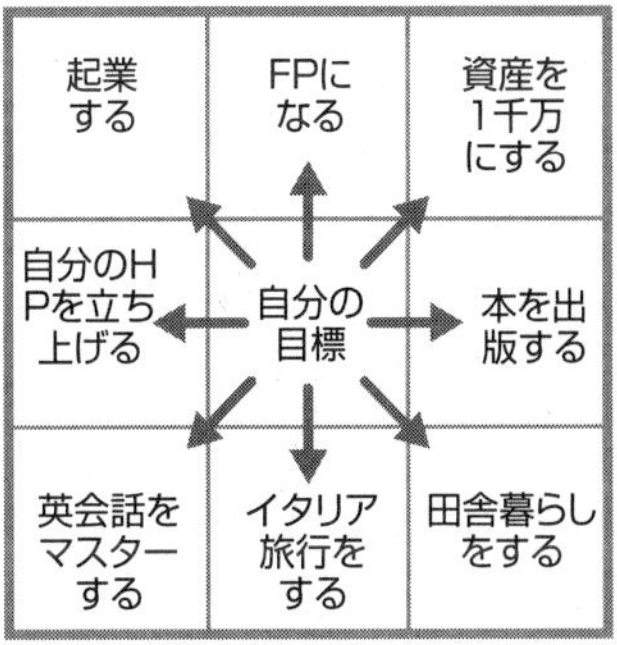

セルが反応して動き出す

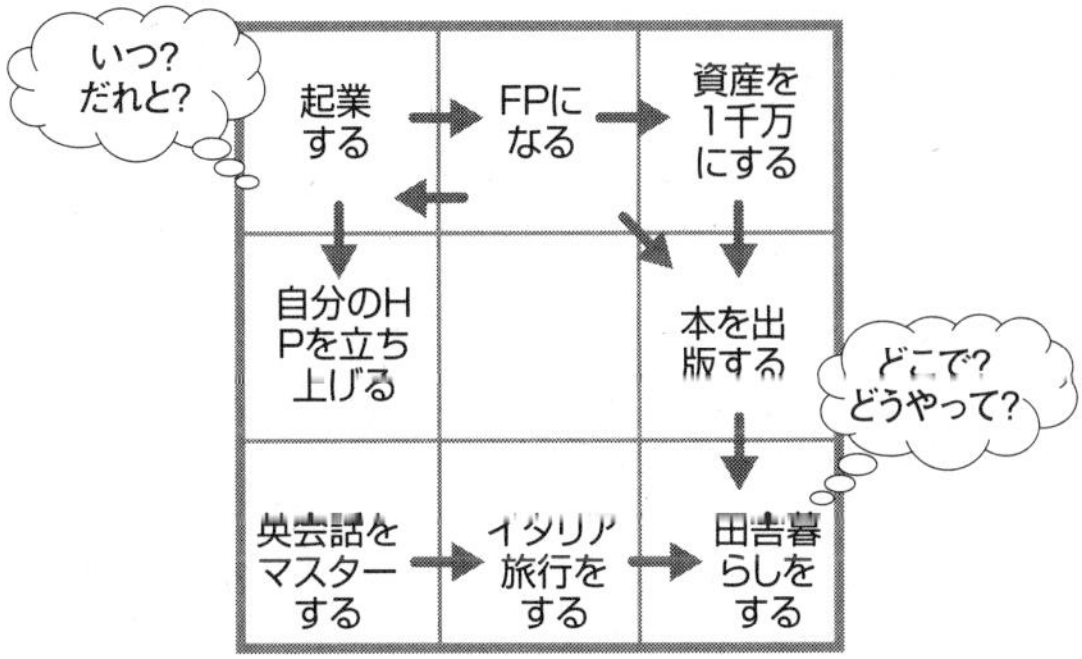

●展開すれば自然にまとまってくる

こうやって、新しくマンダラート®を作ってどんどん展開していきます。そして、必要であればセルの配置を置き換えて、書き直しましょう。あなたの大事な人生のことです。紙をケチらず、気楽に、かつ真剣に進めていってください。

展開すると収拾がつかなくなって、まとまらないのではないか？　と心配される人がいるかもしれません。でも、安心してください。マンダラート®は周辺セルが中心セルになるという構造になっています。常に元をたどれば中心に戻れます。

書き出し、展開しているうちに、「自分の本当にやりたいことはこれなんだ！」ということにぶち当たることがあるでしょう。そして、そのためにあなたに必要な勉強のテーマは必ず見つかります。展開していくなかで、その中心にある「真髄」（マンダ）が浮かんでくるのです。

「マンダラート®」についてさらに詳しいことを知りたい方は、今泉氏のホームページwww.mandal-art.comをチェックしてください。マンダラート®に関する豊富な情報が利用できます（マンダラート®は今泉浩晃氏の登録商標です）。

発想のヒント
周辺セルが中心セルになり展開していく

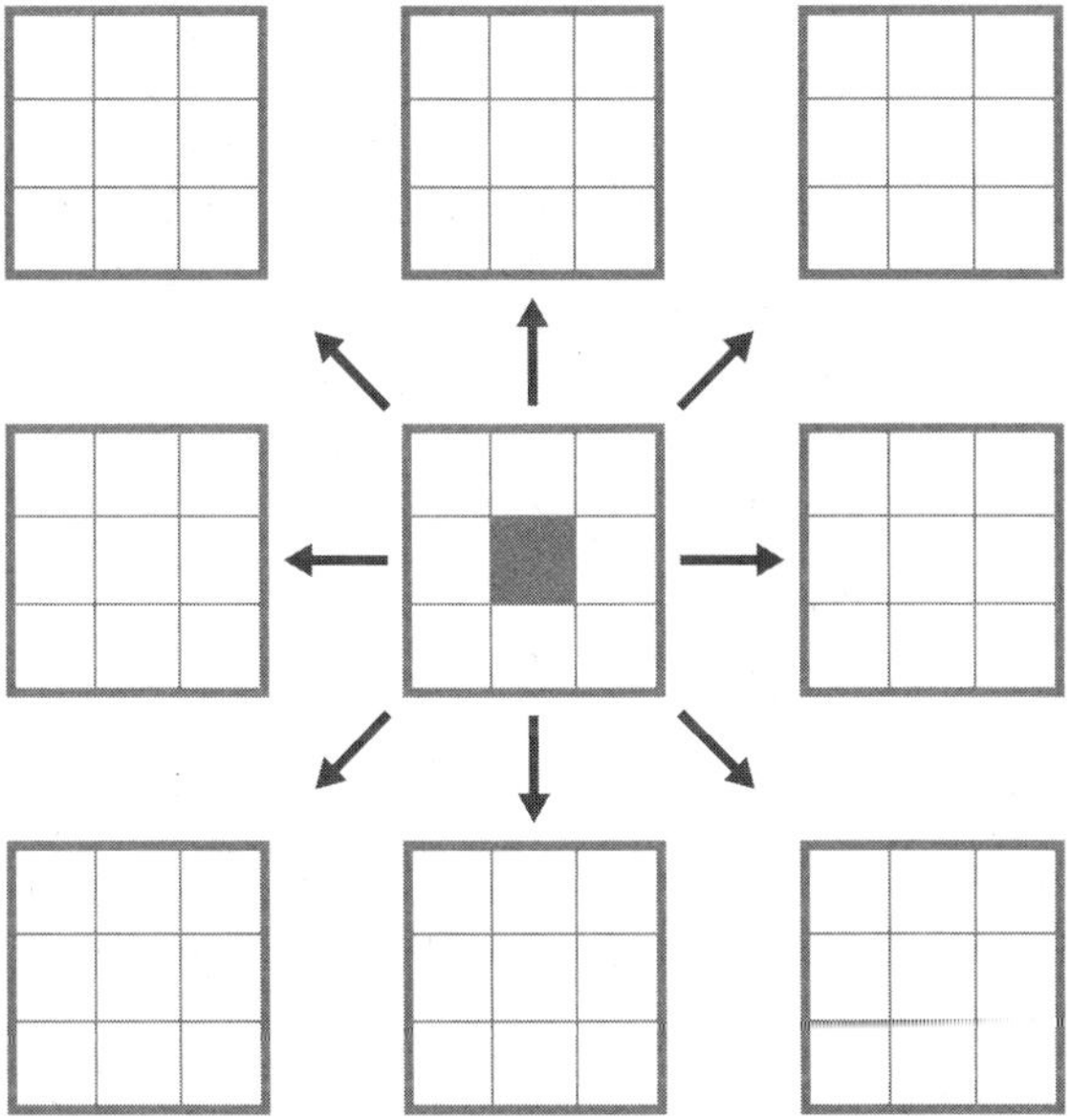

05 自問自答を重ねる効果とは?

●目標という「柱」を強くして前に進む

さて、あなたの目標を見つけるためマンダラート®で自由に発想してもらいました。ここでは、さらに強く動機づけをしていきます。

成功や願望を実現する第一歩は、もう聞き飽きているかもしれませんが、「目標を明確に設定する」ことに尽きるのです。だからこそあえて問いたいのです。

その目標は明確で、本当に実現したいものですか?

中途半端な目標では、迷いが生まれて前へ踏み出せません。だから、この目標設定がどれだけ明確で、どれだけ強固で、どれだけあなた自身のものになっているかが、ゴールを目指して突き進むための大きな条件となります。

しかし、勉強の進捗の具合、テキストを読んだ感触、問題を解いてみた感触、はたまた勉強以外の仕事や人間関係……いろいろと重なってくれば、時間が経つうちに気分は変わり、勉強に対する強い意欲も揺れ動きます。

そんな揺れる心を引っ張り、支えてくれるのが目標なのです。この本ではこれまでの勉強常識を覆すような方法を紹介していきます。しかしそれはノウハウに過ぎず、試験も仕事も、本当に勉強したくて勉強した人が力をつけ、最後に勝つのです。

まずは、あなた自身の目標を明確なものにし、固めて、自分のなかに落とし込んでいかなければなりません。それを手助けしてくれるのが「質問」です。あなたが掲げた目標について、自分自身にさまざまな質問を投げかけていく。

それにあなた自身が答えていくうちに、目標はより明確なもの、強固なものとなり、自分自身のものとなっていきます。

これから資格試験を例に具体的な「四つの質問」を投げかけてみます。怖がらずに、次に挙げる質問を自分自身に問いかけてみてください。

質問①「あなたは本当に試験に合格したいですか？」

それでは、最初の質問を自分に問いかけてください。

「あなたは本当に試験に合格したいですか？」

「当たり前だよ」——そう答えた人は、自分に真剣に問いかけることから逃げているだけかもしれません。「本当に」を三回繰り返してみてください。

「本当に？　本当に？　本当に？」

別に、あなたのやる気をそいで、あきらめさせようとしているわけではありません。この質問を投げかけると自分はどう反応するか。重要なのは、現れた自分の反応を、たとえ後ろ向きな考えであろうとしっかり受け止めて、それに向き合うことなのです。それをもとに、もう一度問いかけてみてください。

「あなたは本当に試験に合格したいですか？」

自分の心の声に耳を澄ますと、いろいろな反応が聞こえてくると思います。もしかしたら、「本当は試験に合格したくない」とか「本当は試験を受けたくない」ということに気づく人もいるかもしれません。合格しても昇進できないかもしれない、新しい仕事は見つからないかもしれない。とりあえず資格を取っておかなきゃと焦っていただけかもしれない。

一番多いのは、「試験には合格したい。でも……」と、忙しくなること、面倒なことを嫌がる気持ちでしょうか。いずれにせよ、それはそれでＯＫです。こうやって、スタートを妨げるさまざまな思いをすべて、あなた自身から、あらかじめ引き出しておくのです。

独り言のようにしゃべっても構いません。だれか耳を傾けてくれる人がいれば、聞いてもらうのも良いでしょう。紙に書き出すのも効果的です。ペンを止めることなく、どんどん書きなぐっていく方法もあります。

とにかく、自分の気持ちに向き合っていきます。心のなかに抱える思いから逃げることなく、向き合うのです。

勉強をはじめると、「試験を受ける意味があるのか」とか、疑問にとらわれることがよくあります。しかも、心が弱気になっているときに多いものです。そうすると、そこで試験勉強を止めてしまったり、気が抜けてしまったりすることが多いのです。

しかし、あらかじめ「自分は本当にこの試験に合格したいのか？」という質問を自分に投げかけ、その気持ちに向き合っておけば、こういう中だるみやスランプも乗り越えることができます。そして、「試験に合格する」という目標がより強いものになっていくのです。

質問②「あなたにとって、試験合格はどんな意味がありますか？」

この質問にすぐ答えられる人は、先ほどの質問にも自信を持って答えられたことでしょう。

「あなたにとって、試験合格はどんな意味がありますか？」

すぐに答えられなくても焦る必要はありません。じっくりと自分に問いかけてみてください。

あなたの人生にとって、目の前に控えた試験はどんな意味があるのでしょう？

その意味を見出していきます。

長年の夢をかなえてくれるのでしょうか。新しいポストに就けるのでしょうか。業績が上がるのでしょうか。

すぐには考えがまとまらず、答えが見つからないかもしれません。自分の心のなかから、どんな反応が返ってきても、それに向き合うことは先ほどと同じです。

何日でも、自分に問いかけつづけてください。そして、自分にとって、試験合格がどれだけ意味のあるものなのか、自分に熱く語ってみてください。試験の意味づけを見出すことで、「試験に合格する」という目標がより強く、本当にあなた自身のものになっていきます。

質問③「合格したとき、何が見え、何が聞こえ、何を感じると思いますか？」

これまでの二つとは少し毛色が違った質問です。

「合格したとき、何が見え、何が聞こえ、何を感じると思いますか？」

できればイスから立って大きく深呼吸しながら、自分に問いかけてみてください。目をつぶったほうがいいかもしれません。

この時点で、「合格は無理かも……」という後ろ向きな声が聞こえてきた場合は、自分にこう返してください。

「もし合格したとしたら！」

あくまで仮定の話。遠慮なんかしなくていいと、念押しするのです。合格したときの気持ちを、一足早く、できるだけリアルに想像しておくのです。「もし合格したとしたら」と、繰り返し問いかけてください。

心のなかからどんなイメージが現れるでしょう。

合格通知を受け取った瞬間でしょうか？　家族と合格を喜んでいるところですか？　友人に電話で合格を報告しているところでしょうか？

どんな場面でも構いません。その様子をただ映像として眺めるのではなく、それを体験する当事者として、心のなかにイメージを作りあげていきます。

あなたの周りに見えているものに意識を向けていきます。家族や友人、同僚の笑顔かもしれません。どこかの部屋の様子が見えるかもしれません。

次は音に意識を向けていきます。みんなが喜ぶ声かもしれません。向こうの道路を走る車の音かもしれません。鳥の声や、雑踏の音かもしれません。よく耳を傾けます。

今度は、身体に意識を向けて、身体の感覚を感じていきます。合格した喜び、感激を身体のどこで感じているでしょう。

胸でしょうか？　腕や肩でしょうか？　暖かい感じがあるかもしれません。むしろ熱い感じでしょうか。身体が軽くなった感じかもしれません。感じているところに意識を向けていきます。

そして、深呼吸をしながら、感じている喜びの感覚を身体全体に広げていきます。

さあ、どんな気分になりましたか？　ワクワクする体験、ヤッターという体験、身体に力がみなぎる体験を味わえましたか？

ただ単に「試験合格」と書いていた目標が、まるで魂が入ったかのように、よりリアルな、カタチを持った目標に思えてきたはずです。

ぜひ、この「実感」を覚えておいてください。

そして、毎日何度か今の状態を思い出し、その体験に浸ってください。思わず笑みが浮かんでくるかもしれません。そうすることで、目標をドンドン明確に、より強く、あなたの意識に染み込ませることができるのです。

質問④「合格をサポートするあなたのリソースは何ですか？」

これが最後の質問です。

「リソース」とは、あえて日本語に訳せば「資源」です。あなた自身が持っている強み、経験、知識、能力。そのほか、周りの人や環境で利用できるものです。自分が持っているもの、利用できるものに意識を向けていきましょう。

目的は試験の合格です。勉強するのはあなた自身かもしれませんが、何も一人だけでがんばることはないのです。あなたをがんばらせることのできるリソースがあるのなら、ドンドン活用していきましょう。

思いもよらなかったリソースが転がっているかもしれません。できるだけたくさん挙げてみましょう。

まず、家族、友人など、直接あなたをサポートしてくれる人々。

その人たちが応援してくれるかもしれませんし、気持ちを支えてくれるかもしれない。

また、仕事の経験が今度の試験に役立つこともあるでしょう。

モノでも構いません。たとえば、勉強する場所、勉強道具、今までに読んだ本など。明日の新聞に役立つ情報が載っているかもしれません。

必要なモノは買いましょう。お金だって大きなリソースです。

あなたの周りには、思いがけないほどたくさんのリソースがあることに気づくはずです。あなたは一人ではありません。あなたを取り囲む人々、モノたちとがんばっていくのです。

そう気づけば、目標実現の可能性はさらに強まっていきます。

06 身近なコーチから、思いもよらない「気づき」を得る

●あなた自身の質問を大事にする

あなた自身に質問を投げかけていくうちに、あなたの考えがますます明確になり、意志がよりしっかりと固まっていきます。今まで気づかなかった発見もあるでしょう。

四つの質問以外にも、いくらでも自分の気持ちを確かめる方法はあります。まだ確かめておきたいことはありませんか？　気づかなかった本心を表に出し、それが目標の強化へとつながるなら、ドンドン自分に問いかけてみましょう。何を聞いても、その答えはあなたのなかにあるのです。

ただし、注意してほしいのは、否定的な質問を投げかけないことです。

自分に意識を向けつづけると気がつきますが、われわれは日ごろ、ずいぶん自

分に否定的な言葉を投げかけているものです。失敗したらどうしよう、あの人にどう思われるだろう……。そんな問いかけはやめましょう。あなたを後ろに引き戻していくだけです。

自分に質問をぶつける。それに答えていく。これはとてもパワフルな体験です。

●黙ってあなたの話を聞いてもらう

ここまでは自分一人で行うことを前提としてきましたが、あなたに問いかけ、答えを聞いてくれる人がいれば、質問はより効果的になります。

コーチングのコーチはその専門家ですが、必ずしも専門家である必要はありません。あなたの家族や恋人、友人に協力してもらえばいいのです。

守ってもらうのは、次の三点だけです。

① あなたへ質問する。
② あなたが答えたことをそのまま繰り返す。
③ ①②の二つ以外は話さず、黙ってあなたの話を聞く。

これさえ守って真剣にあなたの話を聞いてくれたら、目標がより強固になるだけでなく、思いも寄らない「気づき」――あなたの本当の動機、本当に目指したいこと、本当の自信など――を得ることができるでしょう。

2章——

即・実践！高速大量回転法に基づく「早読み法」

01 「高速」と「回転」基本はコレだけ!

●速く読むから理解できる

目標を絞り込んで設定し、さらにその動機を強くインプットできたら、いよいよ『速読勉強術』の実践段階に入ります。ファーストステップは、「早読み法」を会得すること。ただしこれは、一般的に言われる速読法とは異なるものです。

ですが、この説明に入る前に、そもそも速読や勉強とはどういったものか考えてほしいのです。まず、「速読」と聞いてどんなイメージをもつでしょうか?

特別な訓練が必要で、セミナーや速読教室に通わないと身につかないと思っているのではありませんか?

確かにそういう速読もあります。これまでに私自身もそういった教室で二十年にわたって訓練を積んできました。そのため私が速読をやっていることを知った人から、よく聞かれる質問があります。

それは、「そんなに速く読んで理解できるの？」という質問です。

答えはもちろん、「イエス」なのですが、「ノー」という部分も少しはありました。自分のなかで比較して考えれば、やはりゆっくり読んだほうが深く理解できるという側面が確かにあったからです。

でも、何度も答えて、他の人の話を聞いているうちに「待てよ」と思いはじめました。というのも、他の人は「この本を読むのに二週間かかった」「一ヵ月もかかって読んだよ」と言っていたからです。

これは私にとっては驚きでした。「二週間」「一ヵ月」なんていう時間は、いくら私がゆっくり読んだとしても考えられない話でした。逆に、「それだけの時間をかけてゆっくり読め」、と言われたら、私はおそらく本の内容を理解できないでしょう。そして、「なーんだ」と気づきました。

「速く読んでも」ではなく、「速く読むから」理解できるんだ、と。乱暴に聞こえるかもしれませんが、これこそが秘訣なのです。

それは、勉強することでも、本を読むことでも同じです。人は読んだそばから、勉強したそばから、どんどん忘れていきます。時間が経てば経つほど忘れていくのは皆さんご存知のとおりです。

そして、本でも勉強でもそうですが、前に出てきたことが、今読んでいることを理解するために必要なことはよくあります。ここからわかるのは、本を読むというのは、「時間との戦い」「忘却との戦い」ということです。

こんなことはありませんか?

久しぶりに読みかけの本を読もうとしたら、ほとんど忘れていて最初から読む羽目になってしまった。その結果、ほとんど読み進められず、また読みかけで終わってしまった、なんてことが。そして、そんなことを繰り返しながら、結局、最後まで読めず、中途半端のままで、最後まで読まずに終わってしまったという体験です。

確かに時間をかけてゆっくり読むことで、なにがしかの発見があるかもしれません。しかし、時間をかけても、読んだことを忘れてしまったのではじっくり読む意味がまったくありません。それなら、いっそのこと速読できるかどうかにかかわりなく、とにかく「速く読む」ことが、理解するためにプラスに働くだろうと考えたわけです。これが高速大量回転法の「高速」というコンセプトが生まれたきっかけです。

●一回目より二回目のほうが速く読める

みなさんは、一冊の本を平均何回読みますか？

愛読書などを除いては、通常は一回だと思います。

「やっと読み終わった」と、一回読み終わるとホッとして、二回目を読もうという気にはならないのが、よく見られるパターンでしょう。

しかし、速読をしているとあっという間に本を読むことができるので、読むことは苦にならず、一回読んだ本でも抵抗なく読めます。二回、三回と読み重ねることが普通になってきました。

いくら見慣れているものでも、常に新しい発見があるように、読書でも二回目はまた違った発見があります。三回目も同じくです。

読書というのは、本を読んでいるようでいて、実は本と自分の頭を共鳴させているのです。そのときの自分の知識、経験、状態によって、本を読んで響くもの、吸収できるものは毎回変わります。なので、私は一度読んだ本でも何度でも読むのです。

そうやって本を何度も読んでいるなかで、また一つのことに気づきました。それは、「本は一回目より二回目のほうが速く読める」ことです。

当たり前のことです。みなさんもおそらく経験していることでしょう。でも、それを活用していますか？　よく考えてください。これはすごい事実です。いわば、速読訓練をしなくても、速く読めるようになっているわけですから。

そして、二回目よりも三回目、三回目よりも四回目のほうが速く読めます。ここに高速大量回転法の「大量回転」のヒントがあったのです。

一つは「速く読むから理解できる」と同じ理由です。本の大まかな内容を覚えているから、理解ができて速く読めるわけです。

また、本によっては、最初に出ていることが、後に出ていることと組み合わさって初めて理解できることがあります。そんな場合、いくら丁寧に最初のほうだけを読んでも理解できません。

後を読んでみれば、丁寧に読んだことが馬鹿らしく思えるくらい簡単なことだったりします。二回目以降では、こんな無駄な時間がなくなるから、速くなるわけです。

さらに細かくみていくと、もう一つ理由があることに気づきます。それは「理解する」以前の問題、「認識する」ことが速くなることです。

具体的な例を挙げてみましょう。たとえば、本のなかに「アメリカ」という言葉が出てきても、あなたはそこで止まることはないでしょう。でも、「モザンビーク」ならどうでしょうか？　住んだことがあったり、旅行したことがある人ならともかく、「うーん。これってどこだっけ？」などと考えて止まると思います。

その差はほんの短い時間かもしれませんが、積み重なると大きな時間になります。もし、それが二回目、三回目なら、止まる回数、時間が減っていきます。理解できるかどうか以前に、こういった認識する時間が早くなるという理由があるわけです。

これを知ってか知らずか、私は大学受験のとき、世界史・日本史の勉強で、ひたすら同じ教科書・参考書を繰り返し読んでいました。

日本史は『試験にでる日本史』という新書タイプの参考書、世界史は高校で使っていた教科書です。通信添削で論述問題の練習はやっていましたが、そこで得た新しい知識はすべて、その参考書や教科書に直接書いたり、書き写した紙をはさんでいました。

そのころは「高速」というコンセプトも知らず、普通に読んでいましたから、最初は一回読むのに膨大な時間がかかっていました。でも、回数を重ねるごとに、だんだんと速くなっていきました。

最後には、ページをめくる前から次のページに何を書いてあるかが思い出せるようになり、試験のときも「あれはあのページの、下から五行目あたりに書いてあったなあ」というように、頭のなかでその教科書や参考書のページを思い浮かべることすらできるようになっていました。

同じ本を何回も読む。このことが、速読できる・できないにかかわらず、速く読むことを可能にしてくれます。ここから、高速大量回転法の「大量回転」というコンセプトの種が生まれたといってよいでしょう。

●奇跡を生み出す「高速」と「大量」の相乗効果

「速く読むから理解できる」と「一回目より二回目のほうが速く読める」。この至極当たり前の二つの原則が組み合わされると、どうなるでしょう？　実はこれが驚くべき効果を生み出すのです。

まず、「速く読む」ことは、繰り返し読む回数を増やすことにつながります。そしてそれにより、ますます「速く読む」ようになります。それが、さらに繰り返し読む回数を増やすことにつながるという、相乗効果を生み出します。

速く読めるようになると、理解度も高まってきます。また、繰り返し回転させればさせるほど、記憶する事項も増えてきます。こういったプラスの相乗効果が積み重なることで、高速大量回転法は最終的に奇跡ともいうべき大きな成果をもたらすのです。

02 早読み初心者がつまずく理由

●とにかく速く読んでみようとすると……

ただ速く読み、何度も回転させるだけで驚くべき効果を生み出すことができるのが高速大量回転法です。実にシンプルな方法なので、さっそく実践してみましょう。

まずはなんでもいいので、手元にある本を取り上げてみてください。そして本の一ページ目を開いて、とにかく速く読んでみましょう。わからなくても構わないので、どんどんページをめくってできるだけ速く読んでみましょう。

それでは早速、用意スタート！

さていかがでしょう。速く読めましたか？

そして、試しに速く読んでみて、どんな感想を持ったでしょう？

おそらく、いきなり速く読めと言われても、できないというのが現実です。本を速く読もうにも、慣れていない人の多くは、なかなか速く読み進められません。それは、ついついページを後戻りしたくなったり、じっくり読もうとペースが遅くなったり、途中でイライラして投げ出したくなったりするからです。

●ついつい立ち止まってしまう不安の正体

速く読むのを妨げるもの。それは「わからないこと」に対する不安です。速く読むと、当然ながらわからないことがたくさん出てきます。頭にまったく入っていないように思ったりします。

そういった状態に多くの人が慣れておらず、そのままにできません。「わからなくても構わない」と言い聞かせても、人には根深いところで「わからないこと」に対する不安があり、それが速く読むこと、しいては高速大量回転することを妨げるのです。

「わからないこと」をそのまま受け入れて前に進む。この心構えが高速大量回転法の隠れた重要な要素です。

ただし、これは頭でわかっていても、すぐに受け入れて手放せるものではありません。ついつい、人は「わからない」ところにとらわれて動けなくなってしまいます。これと同じようなことは、さまざまな場面で起きています。

たとえば、営業マンが、あるお客に断られ、その理由がわからずに落ち込んでしまう。わからなかったことにとらわれて、次の見込み客を逃してしまう。その結果、スランプに陥ってしまう。

こういったことはよくあることで、みなさんにも覚えがあることでしょう。傍から見ていると、本人が目の前の小さなことにとらわれてしまっているのがよくわかりますが、当の本人はなかなか全体が見えず、気づかないのです。

気づいてしまえば、本当に簡単なことなのです。これまでの常識は「わかったふりをするな」でしたが、高速大量回転法は、こうした常識を捨てて、乗り越える助けになるでしょう。それによって、読書や勉強だけでなく、仕事や人生のあらゆるところにも大きな変化をもたらす可能性になるのです。

メルマガ読者からの質問

「大量高速法ですか?」

司法試験の受験生から次のようなメールをいただきました。

「勉強法のことで、質問したいのでメールさせていただきました。今、司法試験の勉強をしており、6科目の俗に言う『基礎知識』にあたる部分をさっと終えました。


次に択一と論文の講座があるのですが、これも6科目全てを一挙に大量高速して講座を聴いたほうが良いのか、それとも科目ごとに択一講座を聴き終えるとすぐにその科目の過去問に移ったほうが良いのか、わかりません。

（中略）

大量高速法を用いるなら、どのようにするとベストか、また6科目一挙にやったほうが良いのか、科目ごとにやったほうが良いのか等、お忙しいところ恐縮ですが、ご教示くださいますようお願いいたします。」

質問への回答

「大量高速法」ではなく「高速大量回転法」です！

高速大量回転法で最も重要なのは、「回転」という考えです。

繰り返し繰り返し「回転」させるのがポイントです。

何回も何十回も「大量」に回転させていくのです。

「大量回転」させるためには「高速」に読むことが必要であり「大量回転」させるなかで、「高速」になっていきます。

このあたり、誤解されている方もいらっしゃると思いますがとても重要なところなのでご確認ください。

※メールマガジンより抜粋

03 本嫌い？ それでもOK

●対象・範囲を絞ればだれでも高速大量回転できる

わからないところで止まると高速大量回転法を妨げてしまうことを知って、「なんだ。簡単なようで難しいんだ」と思われたかもしれません。そんな人に、だれでも、たとえ本自体が嫌いな人でもすぐに実践できる、簡単なコツを次にお伝えしましょう。

簡単にするコツは、回転させる対象・範囲をあらかじめ絞ってしまうことです。このコツについては、次の3章でも詳しくお伝えしますが、ここではそのコツを使った具体的な方法を紹介します。

当たり前ですが、一冊の本のなかで読む対象や範囲をあらかじめ絞ってしまえば、一冊の本を読む時間は短くなります。つまり、読むのが速くなるのです。これなら、速読できようができまいが、だれでもできます。とても単純な方法ですが、まずはやってみて、従来の読み方と比べてみてください。さて、どちらがいいでしょうか？

●タイトル法——「積読」は超パワフルな読書法

本を買ったもののまったくの手つかず、机の上、床の上に本が積みあがった状態になっている。この「積読《つんどく》」は多くの人の悩みでしょう。あなたは、この積読を解消したくて、この本を読んでいるのかもしれません。

しかし、この積読にも意味がある積読と意味がない積読があるのを知っていますか？　それはほんのちょっとした差です。どんな差かというと、積読してある本の表紙や背表紙があなたに見えるように積んであるかどうかの違いです。

積読といえども、表紙や背表紙があなたのほうに向いていれば、一日少なくとも一回はあなたの目に入ってくるでしょう。一日に何十回、さらには一〇〇回以上、目に入っているかもしれません。そうすれば、本の中身についてはわからなくても、すくなくともどんな本があるのか、知らず知らずのうちに頭に入ってしまいます。

これは本の「タイトル」という対象に絞った高速大量回転法になっています。本のタイトルを読むだけなら、あっという間に読めますよね。一日一秒からはじめられるのではないでしょうか。少なくとも一分あれば充分ですよね。そうやって頭に入ったタイトルをふと思い出すこともあるでしょう。その気になれば何十回転、何百回転でもできますよね。

「タイトルだけ読んでも」と思われるかもしれません。しかし、「時間がない」と諦めて、タイトルさえも読まない状態と比べてみてください。タイトルを読むことだけでも、だんだんとその本の内容や関連分野に対する好奇心が出てくるでしょう。そこには大きな違いが出てきます。

まずは「読みたいなあ」「読めたらなあ」という本を机の上などに置いて、毎日眺めてみましょう。そこからでも何かがはじまるのです。

●まえがき・あとがき法——著者の思いを感じてみよう

書店で本を選ぶときに、あなたは本を手に取ってどこを読みますか？　「まえがき」や「あとがき」を読む人が多いのではないでしょうか？

本の内容のメインはもちろん本文ですが、それをサンドイッチしている著者の「まえがき」「あとがき」はその本を通じて著者が言いたいことを要約していたり、著者が本を書いた思いがつづられているものです。

さて、「まえがき」「あとがき」だけであれば、一冊の本を読むのにどれぐらいかかるでしょう？　たとえ、「わからないこと」に引っかかったとしても、数分で読めるでしょう。

これなら、一日一冊読むことは十分可能だと思いませんか？　タイトル法と同じく、「まえがきとあとがきだけでは……」と思われるかもしれませんが、「時間がない」とまったく読んでいない状態と比べてみてください。たとえば、一週間、一冊の本の「まえがき」と「あとがき」を毎日読んだらどうでしょう？　いろいろなことに気づいているあなたがいるでしょう。

そして、実際にやってみるとわかりますが、一日目よりも二日目、二日目よりも三日目と進むにつれて、だんだんと速く読めるようになってきます。「一回目より二回目のほうが速く読める」の原則です。タイトル法ではこの原則の効果はそこまで実感できませんが、まえがき・あとがき法であれば、高速大量回転法のパワーを実感されるでしょう。

一週間目には、まえがき・あとがきの内容がかなり頭に入って、理解も深まり、あっという間に読み終わっていることでしょう。さらに、一冊だけでなく、もう一冊、まえがき・あとがきを読もうとしているかもしれません。また、まえがき・あとがきだけでなく、本の内容に対する興味が湧いて、自然と本文を読みたくなってくるものです。

これなら、本嫌いのあなたでも実践できるでしょう。

●目次法――目次からあれこれ想像してみよう

タイトルやまえがき・あとがきを高速大量回転させていて、もう少しその本のことについて知りたいなあと思ったら、次にチャレンジしてみたいのが、「目次」です。

「目次」はいくら多くても一〇ページほどです。一〇ページめくるのに、何秒かかるでしょう？　めくるだけなら十秒はかからないでしょう。これなら、毎日五冊ぐらい読むことは可能ではないでしょうか？

もちろん、「目次」を数秒で眺めてもほとんど理解できません。文章になっているわけでもなく、あまりのわからなさにフラストレーションを感じるかもしれません。でも、それでＯＫです。そもそも、「目次」を読んでわかれば、本文を読む必要はないでしょう。

とはいえ、数秒で目次をめくったあと、覚えている言葉を思い出してみてください。少なくとも一つや二つ覚えているでしょう。もう一度、同じ本の目次をめくってみてください。そして、同じように覚えている言葉を思い出してみてください。さっき覚えていた言葉に加えて、さらに一つや二つは頭に残っているでしょう。

もし、これでも「わからないこと」に引っ張られるようであれば、目次のなかでも、章だけを読むようにしましょう。これなら、数秒で、かつフラストレーションを感じることなく読めるでしょう。自分なりに調整してみてください。

このように目次だけを読むことを一日一分、そしてそれを一週間繰り返してみてください。最初は無機質に見えた目次がだんだんと意味のあるものに見えてきます。また、目次の奥にある本文に好奇心が湧いてきます。これも立派な高速大量回転法なのです。

●見出し法──新聞を読むように本を読もう

さて、「タイトル」「まえがき・あとがき」、さらには「目次」。その高速大量回転に物足りなさを感じたり、本の内容に興味が出てきたら、いよいよ全体の高速大量回転に入っていきましょう。とはいえ、慣れないうちは、「わからないこと」に対する不安から、ついつい立ち止まってしまい、従来と同じような読み方になる可能性があります。

ここでも、まずは対象を本文のなかにある「見出し」だけに絞って、読んでいきましょう。これが「見出し法」です。

読み進んでいくとき、「見出し」の意味するところまで理解する必要はありません。とにかく速く読むことを意識して、どんどんページをめくって速く読んでください。

ついつい本文にも意識が行って、「わからないこと」に対するイライラ感が出るかもしれません。しかし、そのときは見出しに対象を絞っていることを思い出して、とにかく速く読み続けましょう。

さて、一冊を何分で読めたでしょう。ページをめくること自体に苦労して、十分近くかかったかもしれません。でも、これなら一日一冊読むことはできるでしょう。そして、これを一週間毎日、高速大量回転させてみるのです。

一週間経っても、本の内容は完全にわかっていないかもしれません。でも、本に対して馴染みの感覚が出てきて、身近に感じていることでしょう。そして、「一回目よりも二回目のほうが速く読める」。一週間後には、一日目に比べてかなり速く読めている自分に気づくでしょう。

もう、本格的な高速大量回転は目の前です。

04 高速大量回転法で知識が加速度的に増していく

●今までの読み方と比べてみてください

タイトル・まえがき・あとがき・目次・見出し。

たったこれだけですが、これらの中から一日一分だけでも一週間続けて高速大量回転するのと、従来の読み方でじっくりと本文の最初から読もうとして一週間過ごすのと、どちらがあなたの身につくでしょうか。

後者の場合、一週間経ったときに、最初の日に読んだことをどれだけ覚えているでしょう。全体の理解度はどうでしょう。

もちろん、本の長さ、難易度にもよりますが、対象・範囲を絞って高速大量回転するほうが、あなたにとって何かが身につく可能性があるでしょう。

さらに、「忙しくて時間がない」「この本を読むのは時間がかかりそう」と思いながら、まったく本を読まない状態と比べると、対象・範囲を絞ってでも高速大量回転することの効果を実感できるでしょう。

高速大量回転すれば、確実に何らかの知識が身につきます。そして、さらに「もっと知りたい」「わかりたい」という好奇心がますます強くなってくるでしょう。その好奇心のパワーが本を読むときに、知識を吸収し、内容を理解する大きな助けになります。

「わからないこと」に対する不安を受け入れ、手放したとき、「わからない」というモヤモヤは「わかりたい」という意欲に変わります。そうすると知らず知らずのうちに、あなたの脳が知識を吸収し、頭を働かせるようになります。そして、あるとき、「なるほど。わかった！」という瞬間が訪れるのです。

●「低速」と「少量」が生み出すマイナスの相乗効果

本章で紹介したのは、高速大量回転法の簡略版ですが、そのパワーを実感してもらえたでしょうか？

速く読むから、何回も読める。何回も読むから、速く読める。さらに速く読むから、さらに何回も読める……。

この「高速」と「大量」のプラスの相乗効果のなかで、加速度的に内容を理解できるようになります。

ここで、逆のパターンを想像してみてください。「高速」ではなく「低速」、「大量」ではなく「少量」回転の場合です。「高速」と「大量」がもたらすプラスの相乗効果とは逆の、マイナスの相乗効果が起こってしまいます。

遅く読むから何回も読めない。何回も読めないから、読むのが遅くなる。さらに遅く読むから、いっそう読めなくなる……。

くれぐれもこの悲劇のサイクルには陥らないように気をつけましょう。

●高速大量回転法に続いていく実感

さてこの章では、高速大量回転法の二大原則、「速く読むから理解できる」「一回目より二回目のほうが速く読める」を、すぐに実践できるように、対象・範囲を極端に絞った方法をご紹介しました。

タイトルやまえがき・あとがき、目次や見出しだけでも、それを高速大量回転法に基づいて読むだけで、短い時間で、これまでにないように本を知り、親しむことができるのを実感できたでしょう。

３章では、いよいよ高速大量回転法に入っていきます。そして、四つのファクターで、さらに「高速」に、さらに「大量」になるよう工夫することで、この高速大量回転法のマジックをもっと引き出していきます。

本格的に本を読みたい方、試験勉強をされている方など、高速大量回転法をいつでもどこでも、さらに使っていきたい人は、次章を読んで奇跡を体験してください。

3章——
「高速大量回転法」
四つのファクターで速く大量に反復できる！

01 「常識外れの効果」を可能にする要素

●小さな意識が大きな進歩へつながる

高速大量回転法の狙いは、読み、理解する「速さ」「質」「量」の相乗効果を最大限に発揮させることにあります。

これからはじめるあなたにはわかりにくいかもしれませんが（といって、ここで立ち止まらないで読み進めてください）、どういうことかといえば、左図の三つのステップのような「効果の連鎖」が起きます。回転させていくことで、その効果が掛け合わされていきますから、回転を繰り返すごとに、スピードも理解度も急速に上がっていくのです。

そして、忘れてはならないのは、一回当たりの回転時間もどんどん短くなり、回転数がさらに増え、効果がさらに増大していくことです。

高速大量回転“効果の連鎖”

ステップ1

速く読もうとする
↓
速く読めるようになる

⬇

ステップ2

一回転にかかる時間が短くなる
↓
回転数を増やせる
↓
さらに速く読めるようになる

⬇

ステップ3

少しの空き時間でも一回転できる
↓
回転間隔が短くなる
↓
回転数が増える
↓
より一層速く読めるようになる

つまり、「速く読もうとする意識」という最初はちょっとしたことが、大きな進歩となり、やがて「常識外れの効果」を叩き出すのです。

●高速大量回転法の四つのファクター

では、「高速大量回転法」を身につけるための大原則をもう一度確認しましょう。ここまで読み進んできたみなさんにはもうおなじみでしょう。

「できるだけ速く読み、大量に回転させること」です。

まずは本をできるだけ速く読み通す。その一回の回転に要する時間を減らすこと。そして、回転する回数を増やすことです。

読むこと自体は、あまり意気込まずに、結構軽い感覚ではじめてもOKです。

高速大量回転法でとくに実践すべきファクターは次の四点です。

◆回転する範囲を絞り込む
◆実質勉強時間を増やす
◆絶対的勉強時間を増やす

◆勉強時間の質を上げる

本章では、この四点を柱に、具体的な「回転方法」を紹介していきます。

02 回転する対象を徹底的に絞り込む

●試験は満点じゃなくていい

効率よく高速で大量回転するためには、対象を絞り込まなければなりません。

学生時代の試験前なんかに、「コレ一冊でバッチリ！　直前対策」とか「試験問題完全予想」なんて単語が並んだ問題集や参考書を目にして、期待と不安から手を出してしまったことはありませんか？

私もこの手の誘惑に負けて買ってしまったことがあります。しかし、ここには大きな落とし穴があるのです。

新しい材料を手にして、大量回転させる材料の一つとして追加してしまうと、これまでに回転させていた本の回転数が落ちてしまいます。そればかりか試験の直前に新しく購入した本は、本番までに十分に回転させることができなかったりします。

このように、いくら速く読むことを意識しても、アレもコレもとさまざまな本に手を出しすぎてはかえって逆効果になり、範囲を広げることで質の低下を招く、一方を追求すると他方が犠牲になり両立しえない関係に陥ってしまい、やればやるほど効果が出ないというマイナスの相乗効果が働いてしまいます。

逆に言えば、範囲を狭めれば質は向上します。ヌケやモレを心配してしまう不安から、ついつい対象とする範囲を広げがちですが、その失敗にさえ陥らなければ、回転対象を絞り込んでいくことで、抜群の効果を発揮できるのです。ですから資格試験などでは、「回転対象の絞り込み」が、大変重要です。

たとえば選択問題中心の資格試験なら、私は回転させる対象を過去問題集に絞り込みます。合格点を取るためには、過去問を回転させるだけで十分だと考えています。細かい理由は4章の個別テーマで述べるとおりですが、試験勉強は、出題範囲を完璧に覚えることが目的ではないのです。

ただ、なぜ過去問なのかといえば、実際にやってもらえばわかると思いますが、同じような問題が何年も連続で出題されることが多いからです。まったく同じではないにしても、問われている本質は変わらないのです。

つまり、高速大量回転では、過去何回分かの過去問だけに絞り勉強するだけでいいのです。

もちろん、回転する範囲の絞り込みは、過去問題だけを対象にしてはいません。知識の蓄積度合いに応じた成果を問われる場合には、とにかく核となる一冊に対象を絞り込み、集中的に回転させる必要があります。

たとえば、あなたが日本経済の勉強をしようと思い立ったとき、どんな本を手にするでしょうか？

いきなり専門書で勉強するのは難易度が高すぎたりして、基本的な用語や経済の仕組みすら理解できないかもしれません。そこで、最初は経済の入門書を買うことになるのではないでしょうか。

なぜならば、入門書というのは、その分野を勉強するにあたって最低限知っておかなければならない知識を網羅したものだからです。

逆をいえば、入門書に出てくるような基本を押さえていなければ、その分野を勉強することはできないということになるのです。ですから、最初の一冊には、入門書を選ぶとよいでしょう。入門書一冊に範囲を絞り込んで、高速大量回転していくのです。

一つの目標を雪だるまにたとえた場合、ただ雪をペタペタと重ねていっても大きくてしっかりとしたものはできません。しっかりとした大きな雪だるまをつくるためには、核となる雪玉をしっかりとつくることが肝心です。それを何度も転がして、その周りに何層にも雪を重ねていってようやく大きな雪だるまが完成します。

知識を身につけることだって同じことが言えるのです。闇雲にいろいろな本を何冊も読んだところで、核になる知識がなければ、そんな知識はすぐに吹っ飛んでしまいます。まずは核を作るべく、入門書を高速回転させるべきです。自然と回転数・速度があがっていき、楽に回転させられるようになったら、そこではじめて別の本へと範囲を広げていくのです。

03 五分のロスを排除し、実質勉強時間を増やす

●試験当日、正攻法にとらわれた受験生に唖然

あなたの勉強の「段取り」を思い出してみてください。すぐに本やテキストを読みはじめていますか？　ずっと必要なところだけを読み続けていますか？

おそらく、「ノー」ではないでしょうか。机の上の書類の間や何冊も本が並んだ書棚から本を探し出して手元に持ってきたり、コーヒーをいれてきたり、本のなかでも読むべき箇所を探したり、考え込んでしまったり……。

まず、取りかかりの部分だけを考えても、「回転させる対象を絞り込む」で説明したように勉強する教材は絞ったほうがいいということがわかります。

教材が多いと、それを探したり、必要なページを開いたりするだけで時間を食ってしまいます。たとえ一日五分のロスだとしても、それが一週間で三十五分、

一ヵ月では二時間、考えてしまうのです。
時間ではないように思うかもしれませんが、短時間で効果を上げようという高速大量回転を実行するのですから、三分だって五分だって、大事な勉強時間であることに変わりはないのです。まだまだムダはあります。

私はCFP®試験の会場で、ほかの受験生の姿に唖然としてしまいました。休み時間に私と同じように過去問題集を開いているのはいいのですが、誰一人、問題と解答のページを切り離していないではありませんか。まず問題を見て、苦労してページをめくりながら本の後ろにある解答を探しているのです。

CFP®試験の過去問題集は、決してめくりやすいものではありません。解答のページにたどりつくまで時間がかかり、問題と解答を見比べるだけでも、かなりの時間がかかってしまうのです。

一秒でも惜しい試験直前にしてこのありさまです。とてもではありませんが、合格を狙っている勉強量ではないと思いました。もちろん、この休み時間の間だけをとっても、ほかの受験生と私の「回転数」は比べものになりません。

申し訳ないとは思いましたが、他の受験生の過去問題集をチラッと覗かせていただいたところ、各ページともきれいなままでした。何も書き込みがありません。

私はすっかり自分の合格を確信してしまいました。

●上手に時間を操り「速度」を上げる

いくら勉強法を覚えても、勉強時間を確保しないことにはどうしようもありません。問題集や筆記具を探したり、それを広げるのに机の上を片づけたりしていては、朝晩のちょっとした時間はすぐに過ぎていってしまいます。

といって、睡眠時間を削って無理をしたり、ほかのやりたいことを我慢したりしては、長続きしないでしょう。勉強のやり方を変え、「実質勉強時間」を増やすのです。

それも、机に向かうことにこだわることはありません。高速大量回転法は、範間を砕いて短い時間で本を読み、それを繰り返す学習法ですから、まとまった時間を増やすことにも神経を使う必要はないのです。

時間を増やすというより、同じ時間でいかに量をこなすか、が問題というわけです。

短くても集中して一回転を済ませ、それを繰り返していくことが、本当にあなたの能力を高めることにつながるのです。1章でも述べたように、「本当に勉強したい人」が勝つのです。

高速大量回転法は、やることが非常にシンプルなので、ちゃんと実質的に勉強できているかどうか、自分ではっきりわかります。そのため、集中しようという意識が自ずと働きます。

普段の仕事や生活でも、時間の使い方が変わってくるでしょう。たとえ五分でも、もったいないから一回転の勉強に使う。五分をめいっぱい使うために、無駄を極力排除する。高速大量回転を続けるうちに、そんな意識が働く習慣がつけば、しめたものです。

04 勉強の速度を遅くする三つの時間

●大切なのは「迷わず」読むこと

試験勉強に限らず、本を読む間にあなたの頭のなかでどんなことが起きているか、考えたことがありますか。

そんなこと考えたこともなかったかもしれませんが、ただ文字を追っているだけのつもりでも、文字を認識したり意味を考えたりと、脳は結構複雑な処理をこなしています。ここでは、そんな頭のなかの働きを踏まえて、「読む時間」を次の三つの時間に分け、上手な時間の操り方を解説していきます。

◆「認識する時間」
◆「思い出す時間」

◆「滞留する時間」

この要素ごとに考えれば、勉強のスピードはまだまだアップできます。

●「認識する時間」を速める

まずは「認識する時間」です。

これは、文字を見て、それが何の文字かを理解するまでの時間です。「本当?」と思うかもしれませんが、この時間も減らすことができるのです。

極端な例を挙げてみましょう。米粒の上に書いてあるような小さな字をすぐに認識できますか？　難しいはずです。当然ながら文字は大きいほうが速く認識できます。

ある速読法では、速読の訓練の際に、子供向けの大きな活字の本や大活字本を教材として使います。文字が大きいと認識にかかる時間が短くなるので、一定時間に脳に送り込む情報量を増やせるのです。そして、大量の情報を脳に送り込み、脳に負荷をかけて情報処理能力を高めていきます。

つまり認識時間を減らすコツは、単純に「大きな文字で書き込む」ということです。問題に解答を書き写すのはもちろん、重要なキーワードも、余白を利用して大きく記入しておきましょう。選べるなら、本や問題集も大きな文字のもののほうがいいでしょう。

私の場合は、「大きく」だけでなく「太く」書くことを意識しています。使うのは、裏写りしない水性のマジックです。さまざまなメーカーが、水性で太いマジックを販売しているのでチェックしてみてください。

また、「読みやすい字」にすることも重要です。ただし、見た目の美しさは必要ありません。あくまで、あなた自身が読みやすければいいのです。あなたの本なのですから、遠慮せず、どんどん書いてください。

回転を繰り返す間に、それまでわからなかった問題がどんどんわかるようになります。見なくてもすっかり定着したと感じたら、その部分にはマジックで大きく×印をつけてしまいましょう。丁寧に塗りつぶす必要はありません。まるごと一ページでも消してしまいましょう。こうすることで、この部分はすでに定着しているから飛ばしてもよいと認識する時間を節約できます。

マジックの色も、赤や青を加えて使い分けましょう。交差点の信号機に対する反応を思い出してください。色に対する人の認識・反応は非常に素早いのです。うまく色を活用できれば、認識をさらに速くすることができるでしょう。「大きく」「太く」「読みやすく」「色つき」で書き込めば、ページをめくった瞬間に、そのページで覚えたい言葉がすぐに目に飛び込んできます。

鉛筆で書き込んだ薄い文字と見比べてみてください。ほんのちょっとした違いかもしれませんが、チリも積もれば山となります。認識に時間がかかるのは、勉強の重大な「機会損失」です。そして、その差は相乗効果で、一気に広がっていくのです。

認識を速める方法を、もう一つ加えておきましょう。それは、勉強用の電気スタンドを用意することです。単純かつ当たり前のようですが、明るいほど認識スピードは速まります。実際に試してみてください。

また、暗すぎては疲れもたまり、決して小さくない「マイナスの相乗効果」が働いてしまいます。

こんな些細なことの積み重ねが、認識する時間を速くしてくれるのです。

●「思い出す時間」を短くする

「認識する」という行為のあと、もしくはそれと同時に起こるのが「思い出す」という行為です。

そもそも、文字を「認識する」という行為は、「既に知っている文字」のどれに該当するかを「思い出す」ことなのです。

そしてまったく知らない外国語ではなく、日本語を読むわけですから、ただ「見ている」のではなく、脳のデータベースと照合し、該当するものが見つかれば意味も理解してしまいます。

ここで考えたいのは、この「思い出す」過程です。これは「記憶」と密接な関連があります。すぐに思い出せるということは、頭のなかの記憶をポンと取り出せるということです。それには、言葉が記憶の奥底に埋没せず、いつでも取り出せるような状態になっていればいいのです。

そうするためには、先ほど述べたように、認識する時間を削減する方法がそのまま生かせます。すぐ認識できるような字で書き入れれば、強く印象づけながら記憶することができ、思い出す時間も削減できます。

また、一度に思い出せる範囲を広げることも可能です。言葉を認識するときには、どうしても文字単位、あるいは単語単位になってしまいますが、記憶がしっかりしてくると、それが文章単位、ページ単位に広がっていくのです。

書き出しを読むだけで、その文章全体の記憶が甦ってくる。ページをめくれば、その挿絵を見ただけで、そのページ全体の内容が思い出せる──高速大量回転を繰り返していけば、そんなページがどんどん増えていきます。

しかも、次の回転との間隔を短くすれば、それだけ思い出せる確率は高くなり、思い出すことにかかる時間も短くなります。一週間後に読む場合、一日後に読む場合、さらには一時間後に読む場合の違いを考えてみればわかりますね。

回転間隔が短くなるから、思い出す時間が短くなる。思い出す時間が短くなるから、回転間隔が短くなる。ここにも高速大量回転法の相乗効果の秘密が隠されています。

回転を重ねてきたら、今度は読む、というよりは自分にテストする感覚で本を開いてみてください。ページをめくる前に次のページの内容を思い出す、さらに、思い出して声に出してみるという、記憶を試すテストです。

わからないことがあれば、多かれ少なかれ、ショックを受けるはずです。そのショックは、次の回転でその穴を埋めようとする意識を高めてくれます。

●「滞留する時間」を削減する

本を開いたら知らない用語ばかりでなかなか読み進むことができない。そんな経験は誰にもあるでしょう。知らない用語や抽象的な説明に出会うと、頭が固まって読み進むことができずに「滞留」してしまうのです。

わからないものに出会うと、不安に襲われ、気持ちが沈みます。どうしよう、どうしようと戸惑い、回転が鈍ります。

そもそも、「知らない」とはどういう状態のことを指すのでしょう？　これは、言葉と、その言葉が意味するイメージが結びついていないということです。すでに知っている言葉と照合できなかったり、似たような言葉を知っていても、まったく違う使われ方をしたりしていると、とたんに行き詰まる。この、意味が思い浮かばない場合の立ち直りをスムーズにして、「滞留する時間」を短くしましょう。思い浮かばなければ、涼しい顔で先を急ぐまでです。

試験本番でも、解けない問題にぶつかって考え込んでしまうと、残りの問題まで解けずに終わってしまいます。「わからない」ところで止まらないことです。すぐ気持ちを切り替えて次に進めるかどうかで、明日のあなたが決まります。

もう一つ滞留時間を減らすテクニックとしては、５章で紹介する目次記憶法が、専門用語の攻略に役立ちます。

ほかにも、用語集を集中的に「回転」させることも有効でしょう。用語索引などを拡大コピーして、問題集などのメインの教材と並行して回転させるのです。とにかく「見慣れる」ことで、滞留時間を少なくするのです。

また高速大量回転法そのものも、滞留時間を減らしていく効果を持っていますす。反復学習を繰り返すわけですから、はじめはとまどっていた言葉も、だんだんと記憶に焼きつけられ、「見慣れて」いきます。

05 二十四時間をコントロールし、絶対的勉強時間を増やせ！

●忙しい人は三つの時間を確保する

勉強する範囲を絞るといっても、あるいは実質勉強時間を増やすといっても、もともと勉強時間を取らなければどうしようもありません。気乗りしなくても、やるしかないのです。

たとえば資格試験を受けるにあたって、いくら試験勉強「法」を極めても、試験勉強自体をやらなければ、絶対に合格なんてできません。当たり前ですが、どんなに勉強方法を工夫しても、解答用紙に正解を書かなければ合格できないのです。

ただし、闇雲に机に向かい無理に睡眠時間を削るようなことは、やはり避けてほしいのです。眠る時間を惜しめば、短期的には時間が増えるかもしれませんが、疲れがたまれば生理的にどうしてもそれを癒す時間が必要になります。

これでは、その努力は長期的には相殺され、なかったことになってしまいます。睡眠時間はコントロールしきれるものではないのです。

何も机に向かって勉強する時間を二時間も三時間も増やそうといっているのではありません。時間を増やすことより、やるべき勉強の量を念頭に置いて、それにどれだけの時間がかかり、一日の生活のどこに差し挟めるか、というようにアプローチしていきましょう。

目的は、単に勉強時間を増やすことではなく、高速に、できるだけ大量回転して、記憶し、理解することです。そのために以下の三つの観点から勉強する「機会」を増やし、勉強時間の拡大につなげましょう。

◆回転する時間の確保
◆スキマ時間の活用
◆ながら勉強

●「一日一回転」を意識する

最初の焦点をあてるのは、「回転数」の問題です。

高速大量回転は、何回繰り返せばいいというものではありませんが、目に見える形で効果を上げていくために、「最低一日一回転」が一つの目安になるでしょう。人によっては、また、取り組む分野や範囲によっては、一日五回転がいいかもしれませんし、三日に一回転で済むかもしれません。

いずれにせよ、夜になってもうきついなと思っても、「粗い回転」で結構ですから、何とか一回転は済ませてください。

「エビングハウスの忘却曲線」をご存知ですか?

これは、時間の経過と忘れていく量との関係を表したグラフです。いったん何かを学んだつもりでも、記憶の半分は、なんと一時間以内に失われてしまうというのです。残りの半分は、その後少しずつ忘れていきますが、二回、三回と復習すれば、忘れるスピードは遅くなります。

これが復習の効用です。ベストセラーとなった『記憶力を強くする』(池谷裕二著、講談社）では、忘却曲線を考慮した、科学的にもっとも能率的な復習スケジュールを紹介しています。

「まず一週間後に一回目、次にこの復習から二週間後に二回目、そして、最後に二回目の復習から一ヵ月後に三回目、というように一回の学習と三回の復習を少しずつ間隔を広くしながら二ヵ月かけて行うことです」

　この間隔を、みなさんはどう感じますか？　私は、この復習スケジュールでは、覚えたことを忘れずにいるのは到底無理だと感じます。まし

エビングハウスの忘却曲線

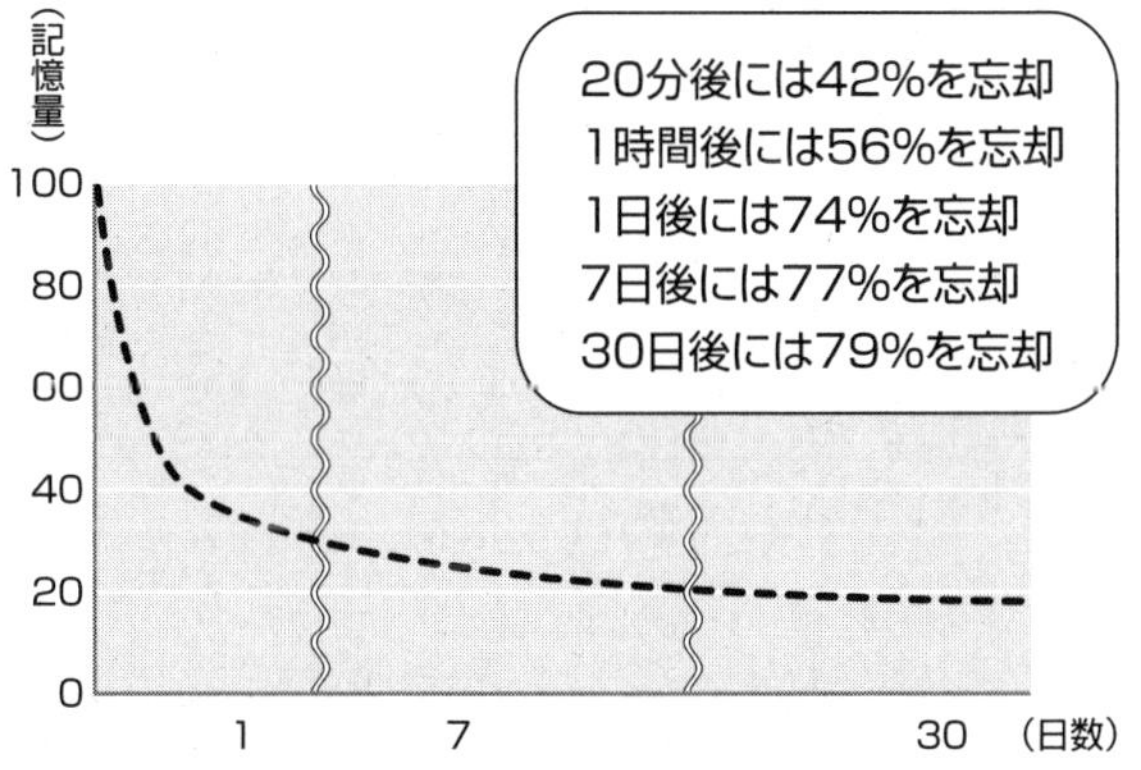

て、試験のように短期間でたくさんの知識を詰め込む必要がある場合は、通用しないのではないでしょうか。

私の経験からいくと、新しく学ぶ範囲はまずたくさん回転させ、だんだん覚えてきたら回転数を減らしていくのがいいと考えています。

たとえば、新たな範囲に着手したら、まず一日五回転ぐらい繰り返す。記憶が定着してきたら、だんだんと回転数を減らして、一日一回転ぐらいに落としていく。時間的に苦しいときは三日ごとに一回転程度にする――こんな具合です。

前述したように、定着したところは、どんどん消していきます。消すタイミングは、「こうだ」と明確に示すことはできませんが、自分の実感を確かめながら、あなたなりの目安を作っていってください。

忘却曲線の考え方も参考にはなりますが、高速大量回転法のためには、また違った原則が適用されるのです。単に「復習を効率的に」という考えと、この高速大量回転法とは一線を画していることを理解してください。

どのようなサイクルがもっとも効率的か？　試験までの日程と必要範囲をにらみながら、回転数の確保を意識しつつ、勉強時間を設定していきましょう。

●「スキマ時間」こそ勉強時間

よく言われる話ですが、勉強時間を増やすためには、「スキマ時間」の活用が欠かせません。

そして、高速大量回転法は、「スキマ時間」を活用するのに、とても適しています。従来の「じっくり・ゆっくり勉強」と違って、勉強の一単位が小さいからです。

たった五分ぐらいの空き時間では、今までは本を開くことさえなかったかもしれません。しかし、高速大量回転法で勉強するあなたにとって、五分あれば、問題集を何ページか回転させられます。これまでなんとなく過ごしていた五分が、もう無駄につぶすには惜しい貴重な時間になっているはずです。

一回の勉強には最低でも一時間は必要だと思っていると、どんなことが起きるか？　一時間というまとまった時間が取れない忙しい日は、「今日は時間が取れないから勉強はまた明日」と、何も勉強しなくなってしまいます。

その点、短時間でも、手応えのある勉強ができる高速大量回転法ならば、電車待ちの間だって、電車に乗っている間だって活用できます。携帯電話でメールを打っている場合ではありません。一分でも何ページかは回転できます。また、一度でも目次にパッと目を走らせることができれば、満員電車に詰め込まれていても、頭のなかで勉強できます。目次に対応するページの内容が思い出せるかどうか、思い浮かべるテストを自分に課すのです。ほかにも、いくらでも応用は利くでしょう。

しかも、回転を重ねれば重ねるほど、一回転するのに必要な時間は短くなりますから、スキマ時間の意味は大きくなります。

●時間がないから「ながら勉強」も歓迎する

「ながら時間」もどんどん活用してください。「歩きながら」、あるいは「料理しながら」勉強するわけです。もちろん、車や火には十分気をつけてほしいのですが、そのためにも重要なのが、「認識する時間」の短縮です。

歩いているときなら、手に本を持って時々目を通しながら歩くことになりますから、文字を認識するのに時間がかかったり、気を取られたりしては一大事です。

すでに印刷されている文字は仕方ありませんが、せめてあなたが書き入れるメモは、大きく、太くしてください。この原則はここでも生きてくるのです。

「料理しながら」でも同じです。この場合、クリアファイルの活用が効果的です。

まずは、台所の壁に透明なクリアファイルを貼っておきます。そこに勉強したい素材を入れるのです。拡大コピーした専門用語の定義集などもいいでしょう。

クリアファイル方式のいいところは、中身を気軽に入れ替えられることです。私は台所だけでなく、洗面所、手洗いの壁にもクリアファイルを貼って活用していました。

さらに徹底してやりたい人、特に一人暮らしの人であれば、部屋の天井や壁に試験の大事なポイントを書いた模造紙を張りめぐらしてしまいましょう。四六時中見ていればいやでも覚えてしまいます。

要は、勉強する場を広げるということです。こんな発想の拡大も、勉強時間を増やすためには必要です。

06 時間の質は集中力が高める!

●集中状態をコントロールする

「時間を増やす」と同時に必要なことは「時間の質」を維持し、向上させることです。

高速大量回転法はやることがシンプルで、目に見えやすいため、質がとても上がりやすい勉強方法ですが、それは勉強する人に「集中しよう、質を上げよう」という思いが少しでもある場合に限ります。まったくその気がなければ、なんともできません。馬を水飲み場に連れて行くことはできても、水を飲みたいと思っていない馬に水を飲ませることはできないのです。

いくら人にガミガミ「集中して勉強しなさい!」と言われても、すんなりと集中できるわけはありません。また、自分で「集中しなきゃ、集中しなきゃ」と念じるだけでは、かえって焦りが募って集中できなくなることがあります。「本当に受かるのかな」「試験までに間に合うかな」といった雑念も、あなたを悩ませます。

なかなか神経を集中させられないときは、少し遠回りして、自分をコントロールしてやる必要があります。コントロールといっても、無理に気持ちを操作しようというのではありません。集中した状態になるよう、そっと後押ししてやるのです。

●心の状態はコントロールできる

こういうときに有効なのが、「条件を作り出す」という考え方です。

鉢植えの芽を成長させて、花開かせるにはどうしますか？　いきなり茎を引っ張ったり、無理に花びらを開けたりはしませんね。水や肥料を与え、日当たりを調整して、生育しやすい条件を整えてやることです。そうすれば、咲くべきときに花は咲くのです。

人間も同じです。集中しようと頭で力むのではなく、自分が集中できる状態になれるよう、条件を整えてやればいいのです。

作り出す条件は、「呼吸」です。「呼吸」は、ご存知の深呼吸だけでも意味があります。

気持ちが集中した状態にあるとき、身体のほうは、実はリラックスしているものです。呼吸は心と身体をつなぐチャネルといわれており、深呼吸によって身体、しいては心をリラックスさせられるというわけです。「集中しよう、落ち着こう」と焦りだしたら、まず深呼吸。基本中の基本です。バカにせず、実行してみてください。

この深呼吸効果をさらにパワーアップする秘密の小道具があります。それは「体温計」。これを手のひらに握るのです。リラックスすると、手のひらの温度が上がります。その温度の変化を見れば、自分がリラックスしたかどうか、自分で確かめられるというわけです。

深呼吸でリラックスできることを客観的に確認する。これがとても重要なのです。効果が実感できれば、深呼吸への確信が高まり、効果がさらにアップしていきます。より早く、より確実にリラックスできるようになるのです。

4章――高速大量回転法を実践する！テーマ別目標達成のコツ

01 あらゆる目標・試験に対応できる『速読勉強術』

●応用範囲は無限に広がる

『速読勉強術』の要となる、高速大量回転法の四つの要素を解説しました。

しかし、現実に勉強する必要に迫られている人にとっては、ここまで紹介してきた勉強法が概念的なもの、机上の空論にすぎない、自分の目標達成には適していない、と感じられるかもしれません。

実際の資格試験でも、試験の出題形態は多種多様です。

法律や実務試験が課される行政書士や通関士。法則や公式といった自然科学系の知識を問われる危険物取扱者や消防設備士のような資格もありますし、物理や高等数学の知識を問われる建築士などの技術系の資格だってあります。

また、昇進試験なら、小論文のテストがあるかもしれませんし、スキルアップなどは、勤務先が証券会社であれば、証券外務員試験や証券アナリスト試験、保険会社であれば損害保険募集人試験を受ける人だっているでしょう。

人によって目標が違うように、求める勉強の質が、まったく異なることも当然です。

しかし、どんなジャンルであろうと、『速読勉強術』を核にしていけば、応用することができるのです。

なぜなら、私たちが学ぼうとするテーマには、先人達が残した多種多様な本が必ずあるからです。それらの本を教材として読み、必要な知識を吸収することができるのですから。

また、一口に「本」を読むといっても、その本にも文章にもさまざまな形態があります。そこで本章では、実際に想定されるさまざまな勉強のテーマごとに、『速読勉強術』をどのように活用していけばよいのかを、紹介していきます。

02 「選択式試験」に対応した高速大量回転法

●選択問題は「過去問」で突破する

試験には、大きく分けて二つの形式があります。選択式と論述式です。

ご存知のとおり、選択式とは、いくつかの選択肢のなかから「正しいもの」か「誤っているもの」を選ぶというものです。なかには、選択肢のうち正しいもの、または間違っているものの数を問う問題もあって、非常に正確な理解を要求される場合もあります。

いずれにしても、論述式と違って次のような特徴があるといえます。

①設問のパターンも解答のパターン（選択肢のパターン）も限られていること。

②試験で問われている知識や情報の多くが、選択肢のカタチで設問中に盛り込まれていること。

③設問数が論述式に比べて多いこと。

選択肢が出てくる設問には、問題文自体に試験の傾向・パターンが強く表れているのです。おまけに、試験対象のすべての分野から幅広く出題される傾向にあり、過去問と同じような問題が出題される傾向が非常に強いのです。

ですから、過去問で選択式の設問の問題文、つまり選択肢を読み込むことが、即、試験対策になります。

たとえばＣＦＰ®試験のような選択式の試験なら、私は過去問だけで十分な場合がほとんどだと考えています。

「一回出た問題はもう出ない。だから、過去問はむしろ避けたほうがいいのでは？」といった疑問もわくでしょう。

しかし、私はこう考えます。

「過去問だけで大丈夫です。というより、過去問だからこそ大丈夫です」

私も、試験直前の最後の土壇場で、誘惑にかられて補助資料に手を出したことがあります。結果的に、それはあまりプラスになりませんでした。過去問の回数が減ったことを考えれば、よけいなことでした。

もちろん、解答のベースになる基礎知識がなければ、ほかの参考書の助けを借りる必要があるでしょう。初めて挑戦する分野で、全体的な知識量が足りないと感じるなら、過去問＋入門書一冊がよいでしょう。しかし、同じ試験に再度挑戦する場合などはもう十分に知識を蓄えているはずですから、過去問に限りましょう。

実際に過去問を数回分やると気づくことですが、同じような問題が出題されるケースは非常に多いのです。まったく同じでないにしても、問われている本質は同じです。株価の予想だって、何より参考になるのは過去の株価なのです。

過去問以外の市販の問題集は、どこかが違う。実際の試験に似せているようで、どこか再現しきれていない。試験勉強も「もどき」ではごまかせないのです。

アメリカ留学の際に受験したＧＭＡＴ®とＴＯＥＦＬ®の試験でも、「もどき」

の物足りなさを実感しました。

たくさんの模擬問題集が日米で出版されていますが、点数アップにはあまり役に立ちませんでした。本物の試験問題とは何かが違うのです。

今は、試験の実施主体が提供している教材や、実際の試験を受けることが何よりも役に立つと思っています。ＣＦＰ®試験を受けたときも、過去問で十分だと感じました。わからないことがあっても、初級のＡＦＰ講座のテキストで事足りたのです。

短期間で一発合格を目指す人は、まずは過去問に集中することです。

●試験では「満点」ではなく「合格点」を目指せ

それでも、「本当に過去問だけで大丈夫なの？」と言うあなたに思い出してもらいたいことは、資格試験の場合、「満点を取る必要はまったくない」ということです。何点が合格ラインかは試験それぞれですし、公表されない場合も多いですが、私の体験の範囲でいえば、大抵の試験では「七割もいらない」と思っています。

過去問だけで一〇〇%の準備はできないかもしれませんが、七割は十分にカバーできるというのが、私の実感です。過去問もすべて理解する必要はないかもしれません。その代わり、回転を繰り返すにつれて理解し、得た知識は、しっかりと記憶して確実に得点しましょう。

ただし、間違っても「じっくり時間をかけて理解しよう」と思ってはいけません。基本は高速・大量です。これによって過去問全体にわたって目が行き届くため、はじめて、自分が理解できているところとできていないところが認識できるのです。

自分が今、どの程度理解できているか。それを認識することが重要なのです。もちろん、回数を重ねても理解できないものは、時間を作って覚えなければなりません。必要に応じて速度を緩め、ときには図解したり、声に出したり、自分に合った方法を組み合わせて理解を深めましょう。

繰り返しますが、基本は高速大量回転法です。こだわりすぎず、「七割取れれば十分」と思って、リラックスして、しっかり回転を繰り返してください。

また、何回分の過去問に取り組めばいいか、という問題もあります。もちろん、多ければ多いほどいいわけですが、範囲を広げすぎて質が低下することは避けなければなりません。私の経験からいうと、やはり少なくとも三回分はほしいところです。

しかし、いきなり三回分を回転させようとすると、たいていは大きな負担を感じるはずです。私もそうでした。速読能力や、現在の知識レベルで解ける問題がどれだけあるかによりますが、最初は一回分、しかも、何科目か学ぶ必要がある場合はまず一科目に絞るのが妥当なところだと思います。

相乗効果がうまく働くよう回転の範囲を自分なりに調節し、量と質のバランスを取ってください。焦らず、ちょっと少なめに、無理のない範囲で回転させてください。プラスの相乗効果が起こるか、マイナスの相乗効果が起こるか、天国と地獄の分かれ目です。くれぐれも注意してください。

高速で大量回転を続ければ、自然と回転速度・回転数が上がってきます。楽に回転させられるようになったら、一回転の範囲を増やしていきます。

まずは小さめにしっかりと核を作って、だんだんと大きくしていきましょう。「雪だるま」を作るイメージです。

03 「論述試験」はテキストを高速反復して片づける

●網羅的な学習が必要な論述問題

一方、論述式の問題では、過去問も参照すべきですが、過去問だけでは試験対策として不十分です。論述式は選択式と逆の特徴を持つからです。試験一回当たりの問題数が少ないため、過去問と同じ問題が出ることはほとんど期待できません。「去年はこの分野が出たので、今年は出ない」ということを知るためには、過去問も必要ですが……。

また、設問のパターンも解答のパターンも自由度が高く、試験問題に含まれる情報が少ないことも特徴です。過去問の問題・解答・解説を読み込めば出題の傾向やレベルは想像できるにせよ、内容やパターンを想定して勉強範囲を絞り込むのは危険です。

●テキストは一冊に──質と範囲のトレードオフに注意！

そこで、網羅的に試験範囲をカバーした、いわゆる「テキスト」を使って勉強する必要があります。

高速大量回転法では、一回転させて忘れかけたころにもう一回転させなければ、意味はありません。一～二回転目辺りまでは、短時間の間に繰り返した方がいいでしょう。

一回読み終わったあと、もう一回読み直そうという気になるかどうかというのも、かなり大きな要素です。一回転の範囲を、止まらないような量に設定することが大切なのです。

一章、極端に言えば一節だけでもいいのです。これだけでいいのだろうかと焦るかもしれませんが、だんだんに範囲を広げていくという方向にエネルギーを使えばいいのです。

論述問題対策でテキストを使用する場合も、一冊に絞りましょう。しかも、要点をコンパクトにまとめた薄めのものです。

それだけではどうしても情報が不足するという場合は、別の参考書などを補助教材として使っても構いません。しかし、すべての情報が盛り込まれたテキストを探して使おうと考えてはいけません。

とにかく、参考書、問題集や用語集などなど、意味もなく手当たり次第買い込むことは避けましょう。試験日前の受験生心理をくすぐるかのように、「直前対策問題集」などが書店に並び、予備校では「直前対策講座」「直前・完全予想模擬試験」が開かれますが、この誘惑は危険すぎます。

新たな問題集を開いたり、講座を受けたりすれば、確かにそれまでとは違う知識を得ることができるかもしれません。それが試験に出る可能性もあるでしょう。しかし、失うものも大きいのです。

高速大量回転法では、回転数を落としてはいけません。せっかくそれまで覚えかけたことが無駄になってしまいます。

先ほどの「相乗効果」の話を思い出してください。ちょっとした進歩が常識外れの効果を生むということは、ちょっとした遅れでマイナスの相乗効果を生み、勉強の質が、がた落ちするのです。つまり「範囲を広げる」ことが「質を低下させる」わけです。

結果として、一方を追求すると他方が犠牲になる両立しえない関係というトレードオフの状態に陥ってしまうのです。

だからといって、やたらと範囲を狭めればいいというわけではありません。基本項目は外せませんし、表面的な理解ではただの暗記になってしまいます。

こうした「質」と「範囲」のトレードオフに注意して「回転」を優先させたバランスを保っていきましょう。

04 「問題集」を丁寧に扱うのは時間のムダ

●本は使い倒して「自分仕様」に！

問題集は、あらゆる分野の試験勉強に活用できますが、その使い方にポイントがあります。

問題のページと解答のページを切り離しているかどうか、この点が明暗を分けます。切り離すのに必要な作業時間はほんのわずかです。まだ切り離していない人は、今すぐ切り離して活用してください。

さらに「認識する時間」を速くするためには、その解答ページも不要になります。つまり、必要なところは答えを問題の方に書き写してしまうのです。たとえば、正誤問題は選択肢の間違いの部分に訂正を入れてしまいます。

確かに正攻法で考えれば、単に問題と答えを読むだけでなく、問題を読んで、いったん答えを考えれば、そのときの読み・理解・記憶の質は高いでしょう。しかし、再三言っているように一回一回の質だけではなく、量が大事なのです。

人は一回では覚えられません。覚える・忘れる・覚える・忘れる……このサイクルのなかで学習していくのです。ですから総合的に考えれば、その「正攻法」には「ノー」と言わざるをえません。

それでも「そんなことしたら、問題を解く練習にならないのでは？」と言われてしまうかもしれません。

確かに問題に解答を書き込んだりすると「わかった気になる」という弊害が生じることもあります。これは5章で説明するスピーチ法を併用すれば防げますので参照してください。

とにかく一回目の回転からとは言いませんが、できるだけ早い段階で、解答部分で必要なところを直接問題に書き写してください。量が多ければ、解答の必要箇所をハサミで切り取って問題の余白に貼りつけてください。

ただし、くれぐれも書き写しただけで満足しないこと。しかも、「きれいに書き写す」ことが目的ではありません。几帳面な人は、きれいでないと落ち着かないかもしれませんが、その気持ちは、試験勉強の間だけは抑えてください。とても貴重な時間なんですから。そうすれば、ムダを省き「実質勉強時間」を増やすことができるでしょう。

汚いとまでいかなくても、整っていない状態のほうが「記憶に残りやすい」という効用もあります。整理する作業は記憶を助けますが、見た目のきれいさは役に立たないと割り切りましょう。

そのほか、「高速大量回転」を行うこと、つまり「読む」ことを念頭におけば、おのずと不要な準備時間、段取り時間が見えてきます。そして無駄を減らして実質勉強時間を増やせば増やすほど、高速大量回転による相乗効果が働きやすくなります。

もちろん、プラスの相乗効果です。相乗効果の蓄積が奇跡的な効果をもたらすことは何度も述べていますが、実質勉強時間を増やすことも同じ効果をもたらすのです。単に五分程度の無駄を削減するだけでも、その効果は数回転する間に雪だるま式に膨らみ、とてつもなく大きくなっていくのです。

メルマガ読者からの質問

「書き込んだら問題集の価値はなくなりませんか?」

メルマガの読者の方から次のようなメールをもらいました。

> 「問題集に書き込んでしまうと、その価値がなくなってしまいませんか？」

質問への回答

「問題集の価値」はなくなりません！

問題集、とくに過去問題集は、試験に出る範囲が効率よくまとまっています。参考書などは、全範囲を網羅することに重点をおいているので、試験に出ないところや、ほとんど出ないところも含まれています。

これは高速大量回転を行うには、障害となります。

試験範囲を効率よくカバーするという問題集の価値は、書き込んでもなくなりません。そして、答えを書くことで、時間が効率的に使えます。

※メールマガジンより抜粋

●とにかく書き込み「自分の本」にする

既に説明したように、本をきれいなままにしていては、勉強になりません。ノートをまとめる手間も惜しいのです。

問題集の場合、余分なもの、たとえば選択肢のなかで、これはもう明らかに引っかけだな、あるいは、もう知識として頭に定着したな、と思うものはどんどん×印で消していきます。回転させる分量を減らすためです。

完全に記憶にもれがないページは、ホチキスでとめてめくる手間も省いてしまいます。わずかでも、めくる時間を減らしましょう。

テキストや一般書の場合には、明らかに全然意味がない、読んでもつまらないという部分を消してしまうほかに、むしろ、ここが大事、ここさえ読めばエッセンスはわかるという箇所に大きく○印をつけます。

また理解を助けるための具体例の部分は、次の回転では読み飛ばしてもいいでしょうから、消してしまいましょう。

論理展開が続く場合は、逆説とか、結論めいた「要するに」とかいう言葉に注意が行くよう印をつけます。試験勉強でも学術的な本をしっかり読む場合でも、カギとなる言葉の定義がとても大事です。定義が明確に説明されている箇所には、しっかり印をつけます。

ちなみに、高速大量回転のコンセプトからは少し外れますが、定義のような大事な言葉に出会ったら、私は余白を利用して自分の手で書き写しています。書くことが勉強になりますし、その後の回転のときに目につきやすくなりますから、何度でも自分に注意を促せます。

とにかく、本には自分の理解に役立つ印や言葉を徹底的に書き込みましょう。汚れるのを気にしてはいられません。むしろ、自分の本を作る気で使ってください。

本もここまで使い込んでもらえれば本望だと思います。

05 小論文の時事問題に対策アリ

●キャリアアップが求められる試験

社会人として普段仕事をしている人のすべてが、資格取得のような明確な目標をもっているわけではないでしょう。

なかには資格よりも経験を積むからと言って、見向きもしない人だっているかもしれません。そういう人でも直面しなければならない試験が昇進・昇格試験です。

会社によって違いはあるでしょうが、昇進・昇格試験はおおむね担当業務以外の財務や一般常識・時事問題で構成される筆記試験です。

これらは難関ではありますが、普段からの準備がものをいいます。とくに小論文試験を課される場合などは、如実に普段からの勉強の成果が問われてきます。

また、試験対象者が多い場合には、筆記試験を行って〝足きり〟の基準として活用する企業も多数存在します。ですから、社内試験といえども、お気楽に準備なしで受験できるものではありません。

　小論文対策といえば、学生時代に教師や先輩から「新聞を読むこと」を勧められませんでしたか？　私が受験生のころには、朝日新聞の天声人語が王道と言われていました。

　実際、新聞を読むのは、小論文上達の近道となります。

どんな小論文でもテーマを設定して出題されます。昇進・昇格試験のテーマ設定には、社会問題が選ばれることがほとんどです。そのため、社会問題を広範囲に知っている必要があり、それを知るためには新聞が最適なのです。

　新聞を使って勉強するためにはどうすればいいでしょう。実は、勉強する媒体が、たとえ新聞であっても『速読勉強術』は通用します。

　手順としては、まず一気に全体を読み飛ばします。そこから読みたい記事を見つけ、拾い上げた記事だけを何回転か高速大量回転しておけばいいのです。

　ただし、新聞の情報は暗記することが目的ではありません。実際の試験では、どのジャンルが出題されるかわかりません。学生時代のように「社説」や「コラム」を読むのもいいのですが、自分の属する業界に関連した分野に注目していけばよいのではないでしょうか。

この方法は、雑誌やフリーペーパーを読むときにも応用可能でしょう。ペンを使って不必要な箇所を×印で消すほか、自分にとって必要なページは破り取ってしまいましょう。

破り取った記事は、必要な項目や文章だけを回転させ、それも完全に定着したと思ったら、捨ててしまいましょう。

もったいないと思うかもしれません。ですが、雑誌はそれこそ週刊、月刊でおびただしい量が発売されています。それを保管しておくだけでも膨大な量になってしまいます。

より新鮮な情報を得るためにも、捨てることをためらわないでください。

効果的な新聞の読み方

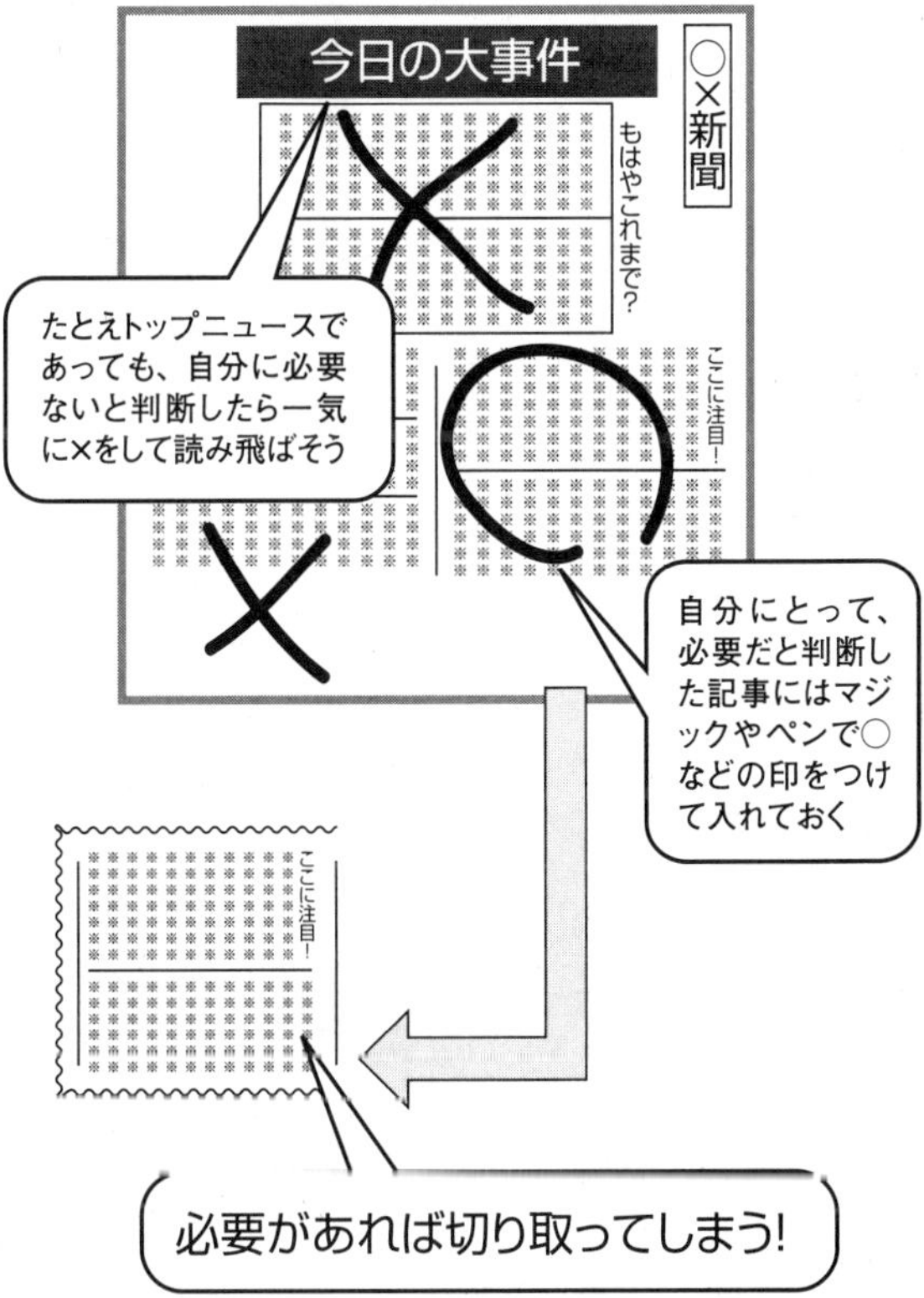
今日の大事件
○×新聞
もはやこれまで？
ここに注目！
たとえトップニュースであっても、自分に必要ないと判断したら一気に×をして読み飛ばそう
自分にとって、必要だと判断した記事にはマジックやペンで○などの印をつけて入れておく
ここに注目！
必要があれば切り取ってしまう!

06 類推して回転させれば、スキルアップも思いのまま!?

●自分のための勉強ではゴールを明確に!

ここまで見てきた試験には、必ず出題者もしくは主催者が存在していました。この場合、合格判定をしてくれるのは第三者ですから、客観的に自分の知識の到達点がわかります。

しかし、社会人が行う勉強のなかには、あなた自身が到達点を判断しなければならないものもあります。それがスキルアップでしょう。

異動により会計業務の知識が求められたり、報告書・企画書の作成のトレーニングが必要となったり、オーナーになって独立開業する目標があったり……。

そして、一から必要な知識を学ぼうと思い立ち、書店で見つけたマニュアル本の厚さにあえなく挫折なんてことが多いのではないでしょうか。

たとえ本を開いたとしても、実務書などは専門知識の集合体です。おそらく一回転目から投げ出したくなるでしょう。しかし、そこをグッと堪えてほしいのです。

「学ぶこと」は「知っているもの」と「知らないもの」を結びつけること。新しく覚えたつもりでも、それを理解するためには、何かしら既に知っている知識を利用しているものです。

たとえば企業会計の本で左のような文章で「貸借対照表」という言葉にはじめて出くわしたとしましょう。

貸借対照表は企業の家計簿

貸借対照表は、損益計算書とともに財務諸表の中心をなすもので、一定時点における企業の財政状態を明らかにするために作成される計算書。すべての資産、負債、資本の有り高を記載し、一覧できるように表示したもの。バランスシート。

（『大辞泉』より抜粋）

ある人は、すぐに出てくる「一定時点における企業の財政状態を明らかにする」という説明で理解するかもしれません。かなり後に出てくる「資産、負債、資本の有り高を記載し」という文章でピンとくる人もいるでしょう。ほかにも「貸借対照表は企業の家計簿」という見出しが一番だったりと、心に届く部分は一文のなかでも人それぞれです。

いずれにせよ、実務書などの専門知識の集合体ともいえる本を読むためには、新しく入ってきた知識がわかりにくい専門用語であっても、その意味を自分の基礎知識や経験から類推して、自分のわかりやすい言葉に置き換えて具体的にイメージすることが重要です。それが「学ぶ」ことの大きな一側面です。

一冊の本を読むなかで、どこが「わかる」きっかけになるかは人それぞれです。ただし、何回転もさせて全文に目を通すことで、本に対する理解とスピードは、確実に、かつ加速度的に高まっていきます。

ですから、はじめのうちから完璧に理解しようなどと思わずに、「そのうちわかってくるさ」というくらいの気楽な気持ちで、どんどん読み進めてください。

知らない専門用語も知っている知識に“引っかけ”れば誰でも読める！

①
貸借対照表は企業の家計簿
②←すでに知っている言葉

家計簿にあたるもの←③

貸借対照表は、損益計算書とともに財務諸表の中心をなすもので、一定時点における企業の財政状態を明らかにするために作成される計算書、すべての資産、負債、資本の有り高を記載し、一覧できるように表示したもの。バランスシート。

④←家計簿と同じだ

言い換えているのだな→⑤

知っている知識を新しい知識に“引っかける”読み方の一例

①何について書いてあるのか確認→ここでは「貸借対照表」について書いてあるのがわかればよい
②「企業の家計簿」から家計簿＝財政状態、それも会社のことぐらいに読みとる
③タイトルと連動しているので、家計簿にあたるのが、貸借対照表だと確認する程度に留める
④企業の財政状態を表すことがここで明記されている。読み進むと「計算書」が家計簿と同じような意味だとわかる
⑤一度文章を区切っており、「バランスシート」と言い換えたとわかる

07 新書の活用で手早く教養知識を身につける

●回転用の「核」を作る

直接の業務に関係なくとも、教養知識は社会人にとって欠くことのできない要素です。とくに営業職の人は、その教養からさまざまな切り口を見出したりすることもあるでしょう。また職場内でのコミュニケーションにも役に立ちます。

この教養を身につけるにあたってお勧めしたいのが「新書」の活用です。新書は各出版社が、世の中の動きに合わせてかなりのスピードで発刊しています。私も、興味のある分野のものはどんどん読んでいます。

たとえば、糖尿病の兆候がみられるので健康改善のため一通りの知識を身につける必要を感じたら、新書のコーナーから生活改善の基本、入門書のようなものを一冊買ってきましょう。そしてその目次を頭に入れるのです。目次だけを一日何十回転させて、まず全体像をつかみ、とくに必要な章から細部に入っていくのです（5章参照）。

一般的に試験勉強では、幅広い分野を網羅した知識を身につけることが求められます。逆に教養知識を身につけるためには、一つの分野を深く掘り下げた知識が求められます。

このどちらにも対応しているのが高速大量回転法なのです。

なぜならば、高速大量回転法では、とにかく本を回転させます。少しずつ丁寧に読むのではなく、とにかく何度も回転させるのです。その際、核となる知識を固めていくことを意識します。最初は小さい範囲の回転からでも十分です。

しかも、範囲を拡大していくといっても、同じ分野の入門書、専門書、関連する新書や文庫などに手を広げたとして、せいぜい一〇冊前後でしょう。徹底的にかき集めても、せいぜい五〇冊というところでしょうか。

最初は範囲を絞りながら回転させたとしても、だんだんと読み進めるうちに専門用語にも慣れてきます。気がついたら、その分野について、なにがしか語れるようになっていることでしょう。

08 記憶のメカニズム

●趣味なら覚えられるのに

ここまで高速大量回転法を可能にする四つのファクターを基にして、実際に使用する試験などの対策方法を見てきました。これらすべてに共通するのは、新たな知識を身につけるということです。

そこで、新たな知識を身につけるということをもう少し掘り下げていきましょう。

今までの自分にはなかった知識を身につけるための力とは「記憶力」です。この記憶力は個人の資質にかかわる能力と言われています。実際に個人差があることも事実かもしれません。

しかし、人は好きなことや、自分の趣味であれば、いくらでも覚えておくことができます。

あなたの趣味は何でしょう。プロ野球ですか？　サッカーですか？　映画や音楽、釣りですか？　いずれにせよ、趣味については、「なぜ知ってるの」と驚かれるようなことまで覚えていたりするものです。

ではなぜ、そんなに多くの知識を記憶しているのでしょう。

一つは、脳の仕組みが挙げられます。脳は好きなものに対して記憶力が高まることが証明されています。それは、脳波の一種、θ（シータ）波の働きによるものです。

興味を持ってものごとを見つめたり、考えたりするとθ波が出やすくなるといわれています。それが神経細胞の増加、記憶力の向上につながっているというのです。

θ波は五ヘルツ程度の脳波で、まどろんでいる状態や夢を見ているときにも観察されます。しかし、神経細胞の増加がみられるのは、興味のあることに出会ったときだけです。

この脳波が出ているときは記憶が強化されることが証明されていますから、ものごとに興味を持てば持つほど、より少ない回数で記憶できると考えられるのです。

試験のための勉強も、できるだけ自分の夢や目標と関連させるようにすれば、大きな成果が期待できるのです。

もう一つ、考えられるのは、興味を持っていることに対しては、本でも雑誌の記事でもテレビ番組でも、知らず知らずのうちに、何度でも読んだり、見たり、体験したりするからなのです。

つまり、そこには高速大量回転の原理が隠されているのです。この無意識に実践している「何度でも読んだり、見たり、体験したりする」原理こそ、無意識のうちにやっている「大量回転」なのです。

●「寒さ」と「空腹」が記憶力を引き出す

ちょっと横道にそれますが、暑いときと寒いとき、勉強の効率がより高くなるのは、どちらだと思いますか？　また、空腹のときと満腹のときとではどうでしょう？

一般的に言って、寒いとき、そして空腹のときのほうが効率は上がるのです。あなたの、「生物としての危機感」がそうさせるのです。

寒いとき、あるいは空腹のとき、人は、潜在意識の本能の部分で危機感を抱きます。神経細胞がより活発に活動するから、学習効果もアップするというわけです。

一方、満腹時には、胃腸に血液が集中するので脳へ運ばれる血液が少なくなり、脳の働きが落ちてしまいます。

寒さや空腹感も、勉強するあなたの味方なのです。

記憶力をアップさせる条件は、ほかにもいろいろあるはずです。どんな状況に身を置けば集中できるのか、普段から自分の心理状態や周囲の環境に気を配り、最適な条件を探っておく。これも、立派な勉強の準備です。

次の章では、高速大量回転法を応用したより具体的な記憶法と、記憶した知識の整理法を紹介していきます。これを押さえれば、あなたの勉強にきっとプラスになるはずです。

5章――

忘却との戦いを制す！「目次記憶法」

01 理解と記憶が同時に進む方法がある

●本を「なじみの場」にする

テキストや過去問題集、その他の本を何回転、何十回転、何百回転とするなかで、それらの本はあなたの「おなじみ」となってきます。これがとても大事なことです。

自分が回転に使っている本を、ただ勉強に利用するだけの無味乾燥なモノととらえるのではなく、使うこと自体を味わうのです。よく使い込んだ愛着のある万年筆のように、住み慣れた部屋、もしくはいろいろな場所へ走らせた愛車のように、一ページごとに思い出を持つくらいに向き合ってください。

勉強における理解、記憶には理性よりも感情が強く働きます。黙々とした勉強よりも、喜怒哀楽がある勉強のほうが効果的なのです。あなたが勉強した体験と本の内容が結びついたとき、それは強烈な記憶となり、理解も急速に進みます。ぜひ、回転させている本をあなたのなじみの「場」にしてください。これが本書で私が提唱する記憶術の前提となるものです。

●目次も重要な勉強の素材

すでに３・４章でも触れましたが、勉強するうえでどうしてもテキストの攻略が不可欠になる場合があります。ただ、このテキストというものは、非常に記憶するのが難しいと思っている方が多いのではないでしょうか。私もそう思います。

ただし、それはあくまで普通のやり方で勉強している場合です。それにテキストには最大の利点があるのです。それは、過去問と違って知識・情報が体系的に整理されているということです。

体系的に理解し記憶していないとどうしても理解できない設問や解説がありま す。その理解と記憶を助けてくれる項目が大抵の本には必ずついています。どこだと思いますか？

実は「目次」なのです。テキスト、一般書を問わず、「目次」こそが本の持つこの特性を凝縮している部分です。整理された知識・情報が、さらに目次に集約されているというわけです。

目次の英訳、ご存知ですか？「インデックス＝索引」ではありません。「コンテンツ＝内容」です。

本で勉強するということは目次を勉強すること、と言っても過言ではありません。テキストの場合、表紙に目次のコピーを貼る人もいるぐらいです。

もちろん、目次と格闘するだけでは不十分です。試験科目を自分のものにするだけの知識や情報までは踏み込めません。だから本文があるのです。本文を理解するということは、目次をより深く理解することだと考えてください。

目次を見ても、最初は意味不明な言葉の羅列にしか見えないかもしれません。しかし、細かい知識がまだ不十分だとしても、一度全体を把握しておくことはとても大切なことです。勉強のスケジュールの目安になりますし、ある種の安心感にもつながります。

目次は復習にも大きな役割を果たします。テキストをしっかりと勉強し、理解したあとで目次を眺めてみてください。その目次はあなたにいろいろなことを生き生きと語ってくれるはずです。テキストで学んだこと全体が一目で見渡せるのです。一目見るだけで、あなたの記憶をもう一度系統立てて整理することができるのです。

テキスト学習は目次にはじまり、そして目次に終わります。目次だけでどれだけ内容を思い出せるか、時々自分にテストを課してみましょう。

●本文は目次のためにある

「本文のために目次がある」などと考えては、テキストの本質を見誤ります。本文を読むインデックスではないのです。

「目次のために本文がある」――こう発想を変えてみましょう。要点を示したものが目次、つまり見出し。それを受けて解説するのが本文なのです。

見出しにもいろいろな種類があります。

まずは章のタイトルにあたる「大見出し」。テキストでは、試験対象の分野や手順などの大まかな分類になっている場合が多いでしょう。

さらに章を細かい項目ごとに分ける「中見出し」、その下に要点を示す「小見出し」があります。もちろん、こうした階層の数は本によりますが、どれも本の内容を系統的に分類してくれたり、キャッチコピーのように要点を示しているわけです。

そもそも、本を作るときだって、本文を並べているうちに目次ができるという単純なものではないのです。本文を書くには、たいてい「目次という設計図」を練ることが欠かせないのです。

目次をじっくり眺めて、「章」の大見出しで構成をつかみながら、「節」の中見出し、小見出しで要点をつかむ。大きなくくりから、細かい項目に舞い降りていく。

これから読書や勉強をはじめようとするときには、

◆この本を読めば何がわかるか？

◆どの範囲を高速大量回転させるか？

◆大切な用語や試験の要点は？

◆新たに興味が湧いた部分は？
◆とくに知りたいのはどこか？

続きを読んだり復習したりするときには、
◆どの項目に何が書いてあったか？
◆なかなか覚えられないのはどこか？
◆もう読む必要のないのはどこか？

といったことが、目次のわずか数ページだけで把握できてしまうのです。ですから決して目次を飛ばしてはいけません。「読書とは目次を読むこと」とも言い換えることができるほどです。

こんな目次の効用を知れば、分厚い本やテキストを前に途方に暮れていた心が、少しは軽くなってきませんか。テキストを選ぶときも、内容の正確さ、わかりやすさは当然として、目次の「覚えやすさ」「使いやすさ」も重要なチェックポイントだというわけです。

02 目次を軸に理解するから記憶できる

●見出しを核に「雪だるま」を転がすイメージを持て

目次の役割についてはすでに説明したとおりですが、この目次の特性を利用した「目次記憶法」にしても、ベースになるのは高速大量回転法です。

これは私の経験上言えることですが、「繰り返しこそ記憶の母」となります。繰り返していく範囲は目次なので、最初の回転はごく限られた範囲からスタートすることになります。どんどん繰り返していきましょう。

実際に回転させていくにあたって、本文を対象にした高速大量回転法との違いは、読むことだけではなく、「見ないで話す」ことが基本です。このあたりは本章を参照していただければ、おわかりいただけるでしょう。

目次記憶法では、文字どおり記憶することを目的としています。かといって、目次の見出しは本文の詳しい説明を読まなければ理解できない場合もありますから、最初のうちはそれが気になって前に進めなくなるかもしれません。でもここは我慢して、まずは目次の章レベル、節レベルに絞ってください。

高速大量回転の「プラスの相乗効果とマイナスの相乗効果」を思い出してください。むやみに範囲を拡大すると、命取りになりかねません。大枠で基礎知識をつかみ、だんだんと核を固めながら、徐々に雪だるま式に増やしていくのです。

ある程度回転を重ねて基礎の核ができてきたと感じたら、節レベルから小見出しレベルへ、さらに本文レベルへと階層を下降させていきます。

本文を読むときも、最初は見出しやキーワードを拾いながら読む「拾い読み」で構いません。たとえ一語ずつ気を配らなくても、あなたの潜在意識は文章全体からいろいろなことを吸収しているはずなのです。

雪だるまを転がしていれば、少しずつでも雪はついてきます。大きくなるスピードは最初は緩やかですが、加速度がつけば急激に大きくなっていきます。そんなイメージを大事にしてください。記憶とはイメージが大いに作用するものだからです。

●目次記憶法を支える四つの方法

本の内容を端的に表したものが、目次に並んだ「見出し」です。

とくに、何らかの試験合格を目標としている場合には、「目次を見れば、その内容が思い出せる、説明できる」ようになっておきましょう。具体的には、目次を軸に、テキストの内容・要点を記憶にとどめてしまうのです。

これを可能にする「目次記憶法」には四つの柱があります。

①　フォルダ法
②　高速大量回転法
③　空間法
④　スピーチ法・マッピング法

まず、情報を目次のように「頭のなかのフォルダ」に分類していく「フォルダ法」がすべての基礎となっています。

あとの三つの方法は、こうして作ったフォルダをしっかりと定着させていく記憶法です。

「高速大量回転法」は、もうご存知のとおり、反復によって記憶を強くする方法です。

「空間法」は「頭」のなかという限られた空間だけでなく、あなたの外に広がる空間の特定の場所のイメージと、記憶を結びつけます。

最後の「スピーチ法・マッピング法」は、話したり書いたりすることを通じて、記憶をより強化するとともに、脳への問いかけを通じて、記憶を生きたものにしていきます。

03 知識が散らからない「フォルダ法」

●「頭」の整理法はパソコンと同じ

フォルダ法の「フォルダ」とは書類を整理する「書類入れ」のことですが、コンピュータのファイルを整理する「ファイル入れ」を表す言葉としても、すっかり定着しました。

パソコンや携帯用のデジタル機器が発達しても、オフィスの机の上には何かしら書類や紙きれが溜まるもの。企画書やその草案、資料のコピー、新聞の切り抜き、上司からの指示、ＦＡＸで届いた見積、領収書、コンビニの割引券……。

それぞれファイルを作り、受け取るたびに挟み込んでいけばいいのですが、脇のほうに積んでしまったら、必要なときに出てこないわ、シワになったり、裏をメモに使ってしまったりで、余計な手間と時間まで取られてしまいます。

仕分けするだけでなく、すぐ取り出せるようにしておくことも重要です。企画書や資料、切り抜きなど、あとで見直せばまた新しいアイディアをあなたにもたらしてくれるものも少なくありません。適当に詰め込んでしまっては、そんなチャンスまでなくなってしまいます。

パソコンに保存したファイルやメールも同じで、検索機能があるとはいえ、案件、取引先といった種類ごとにフォルダを作って分けたほうが、探しやすいはずです。

同じように、勉強するときにも、頭のなかにあらかじめ名前をつけたフォルダを作っておいて、そこに新しい知識や情報を入れていくようにすれば、すっきり整理できるはずです。

むしろ、文具やパソコンの要素としてのファイルやフォルダは、頭の構造の反映といってもいいでしょう。

テキストは、ありがたいことに既製の「フォルダ」がついてきています。それが、「目次」です。目次のなかに、その分野の要点や基本的なキーワードが盛り込まれ、整理されているのです。

それをそのまま脳に入れて、たとえばタイトルごとの「仮想フォルダ」を頭のなかに描きます。さらに仮想フォルダのなかには、章の見出しや本文の重要ポイントを仕分けていけばいいのです。

また、目次に含まれていないことや、目次のない資料から覚えるときも、自分で新しいフォルダを作ったり、既存のフォルダを探したりして投げ込んでいけばいいのです。

●知識を仕分ける「七つのフォルダ」

記憶の第一歩となるフォルダを作らずにしまい込むと、あとで振り分けるのは大変です。

ただ、フォルダをやたらに増やしすぎるのも考えものです。机の上もパソコンのデスクトップも、ファイルやフォルダだらけになってしまっては、探す手間も増えてしまいます。やはり、適度な数に絞っていかなければなりません。

まずは、似たようなものは自分のなかで一つのファイルにしていくこと。

次に、フォルダを階層化していくことです。大分類のフォルダの下に小分類のフォルダを作っていくのです。たとえば、章が大分類のフォルダ、節が小分類のフォルダ、という具合です。

一つの階層にはどれぐらいのフォルダを作れるでしょう。言い換えれば、いくつまでなら覚えられるのか、ということです。

その目安となるのが「マジカルナンバーセブン」、つまり「七」です。これぐらいの数なら、人は十分に覚えられるといいます。ちなみに「世界の七不思議」に、「七福神」「七色の虹」。一週間も七日です。

ファイナンシャル・プランナーのＣＦＰ®試験を例にしてみましょう。「不動産運用設計」のテキストに、「都市計画法」という章があります。

この章には、①「都市計画法の目的」、②「都市計画区域の指定」、③「都市計画の決定」、④「都市計画の内容」、⑤「開発許可制度（都市計画制限）」、⑥「建築行為等の制限（都市計画制限）」という六つの節があります。

この六項目を覚えるのはそんなには大変なことではありませんよね。しかし、ただ眺めていただけでは、なかなか頭に入らないでしょう。そんなときは、この項目を使ったストーリーを自分で作ってみるのです。

自分に都市計画法を説明する気持ちで、口に出してみましょう。

「まずは都市計画法の目的を押さえておくことが必要ですね。都市計画には都市計画区域の指定というのがあります。都市計画の決定はどのように行われるでしょう。そして、その内容はどうなっているでしょう。また、都市計画には二つの制限があります。一つは開発許可制度であり、もう一つは建築行為等の制限です」

ぎこちない説明ですが、最初はこの程度で構いません。何度も「回転」させていくうちに具体化していけばいいのです。

ここで注目すべきは、節項目の一部が階層化されていることです。最後のところで、⑤と⑥が都市計画制限というフォルダの下に入っています。

章の下にある節の数が七つより多いなら、分類の中間項目を設けるようにします。章に関しても、仮想フォルダが多く感じる場合は、同様のテーマをくくるなどの工夫をして覚えていきます。

大事なことは、意識してフォルダを作ることです。自分に説明して覚えるときにも、大きな分類から小さな分類へという階層を強く意識しましょう。

「不動産運用設計は三つの部に分かれます。それは○○、○○、○○です。第一部の○○はさらに六つの章に分かれます。それは△△、△△、……」

といった具合です。

新書など、一般書を読むときにも、もちろん応用できます。試しに、養老孟司氏のベストセラー『バカの壁』（新潮社）の目次を開いてみましょう。

第六章「バカの脳」には、こんな見出しが並んでいます。
①「賢い脳、バカな脳」、②「記憶の達人」、③「脳のモデル」、④「ニューラル・ネット」、⑤「意外に鈍い脳の神経」、⑥「方向判断の仕組み」、⑦「暗算の仕組み」、⑧「イチローの秘密」、⑨「ピカソの秘密」、……。
とりあえずここまでを見ていくと、こんな想像を巡らすことができます。

「①はこの章のテーマだな」

「④の言葉はどういう意味だろう。③も⑤も脳の中身の話だから、③～⑤を読めば、脳の仕組みがわかりそうだ」

「⑥、⑦は脳の働きか」

「⑧、⑨は『天才の脳』の違いを説明しているな」

実際に当たっているかどうかは別として、内容の推測と同時に仕分けができるのです。この仕分けに応じて頭のなかにフォルダを作り、本文から情報を取り出していけばいいのです。

こうしてフォルダを作りながら勉強することで、新しく得た知識もゴチャゴチャにならずにスッキリと分類されます。

目次が頭に入っていれば、本文の筋立てもはっきりとつかめますし、法律の構成や、各種の手続・処理の手順など、とくに覚えにくいことがらも同時に把握できるわけです。用語同士の関係もつかみやすくなりますから、記憶もそれだけ強化されるのです。

フォルダを作成してスッキリ記憶する!

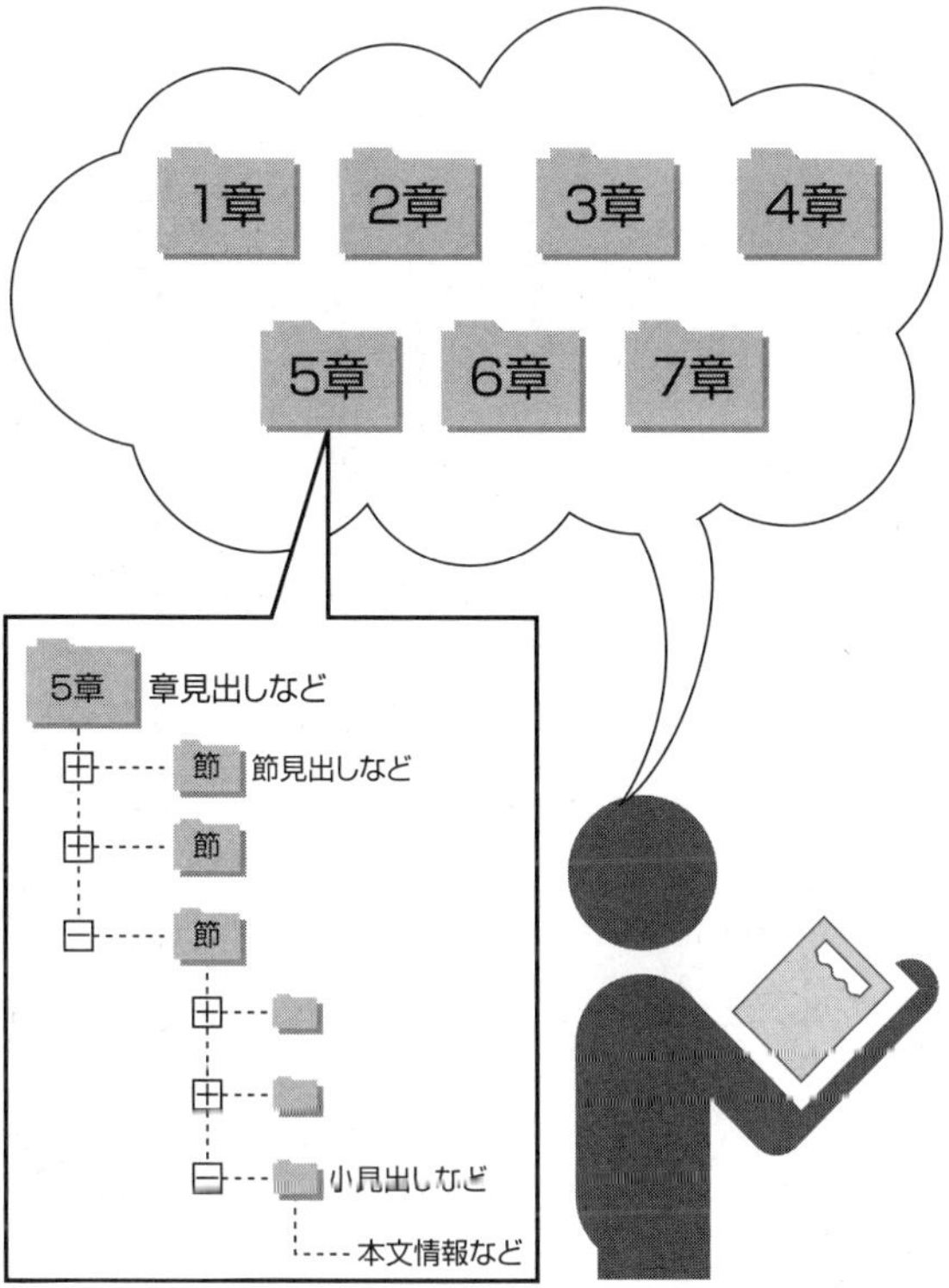

04 一杯につまった頭を解放してくれる「空間法」

●脳内メモリは九〇％以上も増設できる

ここまで、本の目次を骨格に利用しながら、頭のなかにフォルダを作り知識を蓄えていく方法を紹介してきました。むやみやたらに「頭につめ込む」のと違って、楽な気分で頭に放り込んでいけることを実感してもらえたでしょうか。

しかし、勉強を重ねるにつれ、フォルダが一杯になったりフォルダが増えすぎたりして、「頭につめ込みすぎた」と感じる人もいるかもしれません。

つめ込みすぎたといっても、人が通常使っている脳の領域は全体の三％にすぎないといいますから、九〇％以上は残っているわけです。本来なら、まだまだ心配する必要はありません。

でも、ここはいっそのこと、頭のなかの限られた空間を飛び出して、もっと広い世界を活用してみませんか？　「フォルダ法」の発展版である「空間法」を利用するのです。『一発逆転！　ワタナベ式記憶術』（渡辺剛彰著、フローラル出版）で有名になった記憶術です。

●「空間法」で脳の「記憶容量」をアップしよう

「空間法」は、目次の見出しを、知っている地名や建物などに結びつけて覚えていきます。要は、あなたが当たり前のように思い出せる駅や建物に、新しく覚えた知識を一つひとつ順番に引っかけていく感じです。

はじめての人には想像しにくいかもしれませんが、駅名と駅の形を同時に思い出せるのと同じように、その駅に引っかけた難しい用語もすんなり思い出せるように訓練するのです。慣れてくれば、用語そのものを思い出すより楽になるはずです。

私は、公認会計士二次試験の勉強で、覚えたことがらをＪＲや地下鉄の駅、それに駅周辺の建物などと結びつけて記憶していきました。

たとえば、「財務諸表論」は総武線、「商法」は山手線といった具合に振り分けて、その中身を沿線の駅に結びつけていったのです。

商法を例に挙げましょう。商法を構成する要素のうち、「株主総会」は「神田」、「取締役会」は「秋葉原」、「代表取締役」は「御徒町」、「監査役」は「田端」といった具合に、用語を一つひとつ実在の駅と結びつけていったのです。さらに、各用語について詳しい内容を覚えるときは、その駅周辺の建物などに関連づけました。階層化です。

このように、駅と章を関連づけていくだけで、勉強がとても効率的になりました。テキストを読んでいても、まるで山手線に乗って駅前の街を巡っているような感覚になり、リラックスした気分で勉強を続けることができたと実感しています。

利用できる空間は、あなたの周りにもいくらでも広がっています。家のなか、会社や学校に通う道、散歩コース、あるいは、思い出のなかにある小学生のときの通学路だってOKです。住み慣れた街だけでなく、旅行先の印象深い町でもいいのです。

ここでポイントとなるのは、あなたがすぐに思い出せる地図が、どれだけ頭のなかにあるかです。全部を使うことにこだわるのではなく、しっかりと思い出せるものだけを「基礎」として採用してください。「基礎」を覚えることに時間を使っていては本末転倒です。

試験勉強の真っ只中に基礎作りを行うのは、かなりストレスがかかります。ぜひ、本格的な試験勉強に入る前に基礎の作成と確認を済ませましょう。

歩いているときに普段よりも少し注意深く周りを観察すること。休みの日などに、まめに散歩しておくこと。そして、紙に基礎を書き出して

現実に引っかける「空間法」の概念

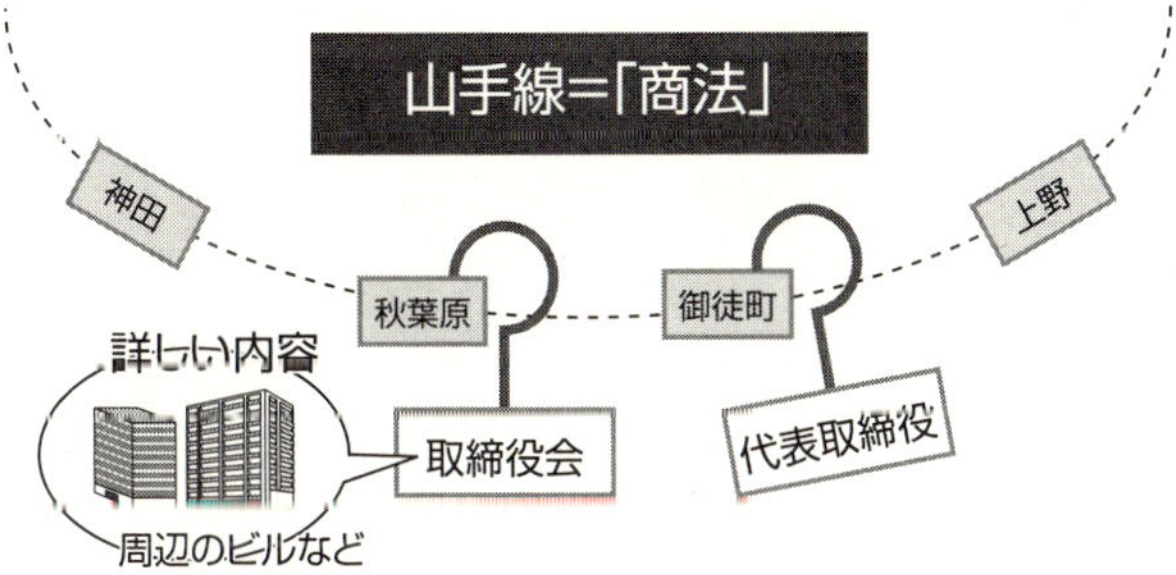

現実の記憶（具体的イメージ）に、
覚えたい情報を引っかけてしまう!

おくこと。
あなたがすでに覚えている地図は大きな資産です。どんどん活用していきましょう。

05 知識をあなたの頭に定着させる「スピーチ法・マッピング法」

●答えは必ずあなたのなかにある

ここまで紹介してきた記憶術は、記憶をインプットしていく過程にスポットを当てたものでしたが、最後にアウトプットの過程を対象にした手法に触れましょう。

アウトプットといっても、誰かに伝えることが目的ではありません。それまでに覚えたことを口に出しながら知識を定着させ、体系化するのです。知識の吸収がよくなるという効果もあります。

「コーチング」という言葉をご存知ですか？　ビジネスやスポーツの世界に急速に浸透してきた「個人の自己実現をサポートするシステム」のことです。

私自身がプロのコーチでもあるのですが、コーチングではコーチが相手（クライアント）に質問することを通して、相手の可能性を引き出していきます。

なぜ引き出せるのかというと、「その人が必要とする答えは、すべてその人のなかにある」からです。コーチングでは、このことが一つの前提となっているのです。

こんな体験はありませんか？

久しぶりに飲もうと仕事帰りに友だちを集めてみたものの、なかなか行き先が決まりません。結局、幹事のあなたが独断で決めていいということになりましたが、忙しかったから何も案を用意していない。するとと、友だちはあの手この手で、あなたの希望を聞き出そうとします。場所はどの辺り？　居酒屋系？　中華？　エスニック？　そういえば焼酎に凝り出したって言ってたね？　今日は昼ご飯の時間もなかったって？

そんな声に答えてしゃべっているうちに、あなたのなかにお店のイメージが固まってきます。今日は誰々が集まったから、みんなが帰りやすい場所はどこどこの駅のほうだな。焼酎がそろっていて、料理もたっぷり出してくれて、となると……いや、あの店はデートに取っておくことにして……。

何も考えていなかったつもりでも、人に話しているうちに、自分の本音や主張は形になってくるものです。「ああ、自分はこう思っていたのか」と、自分で自分に納得するのです。友だちみんなが「コーチ」になって、「クライアント」のあなたから、本心を聞き出した、というわけです。

コーチングの現場では、とくにクライアントが語りに集中する、いうなれば「深い独り言状態」を積極的に作り出します。

横にコーチがいることが理想ですが、クライアントは自身が勝手に自分で気づき、答えを見出し、問題を解決していきます。とにかくあなたはしゃべってみればいいのです。出てくるイメージ、言葉を口に出して言ってみることからはじまります。そして、自分から出てきたイメージ、言葉の助けを借りながら、さらにしゃべっていくのです。

●しゃべることで得る能力がある

ここで紹介する「スピーチ法・マッピング法」は、勉強して覚えたことがらをアウトプット、つまり、しゃべったり書いたりすることで、つめ込んだ知識を整理し、記憶に定着させようというものです。自分に問いかけ、説明を促しながら、どんどんしゃべりましょう。読み書きすれば、脳も活性化します。難しければ、目次を台本に使ってもOKです。見出しからキーワードを拾い、説明してみましょう。

誰かに聞かせるのも結構ですが、一人でもできるということに注目してください。しっかり覚えたつもりでも、口に出した途端にあやふやになることはよくあること。独り言の状態でも同様です。

部屋にあなたしかいないときでも、一人でしゃべるのは少し気が引けてしまうかもしれません。最初は慣れないでしょうが、独り言も慣れてくると（よい意味で）快感になってきます。自分で問い、自分で正誤を確かめながら、実行しましょう。

勉強しはじめて日が浅い分野なら、語りはとくに不完全な状態で終わってしまうかもしれません。

しかし、認識してほしいのは、どの段階でも人は何かしらの「答え」を持っているということ。極端に言えば、「わからない」という一言も立派な答えです。勉強が足りなかったところ、勘違いしていたところを見つける一助としても十分に意義があります。あとで述べるように、さらにそれを完全なものに磨き上げるきっかけになるのです。

そもそも、試験の答案用紙には、「あなたのなかにある答え」しか書けないのです。「わかっていたつもりだったのに……」。こんな後悔をしないためにも、「インプット」したものを「アウトプット」してみる習慣をつけましょう。習慣づければ、アウトプットをスムーズにする回路が、あなたのなかにできてくるはずです。

一つ、私がよく使うパワフルな質問をご紹介しておきます。

あなたのなかで「わからない」なんていう言葉が出てきた場合に使ってください。このとき、こう自分に問いかけてみるのです。「もしわかるとしたらどうだろう」。もう一度聞いてみます。「もしわかるとしたらどうだろう」。

この一言で意識が変わる可能性があります。

「もしわかるとしたら……そうだなあ。こういうことかもしれない」と何かを話し出している自分を発見するでしょう。すると、自分で漠然としつつも結論めいたことを発しているのです。「もしわかるとしたら」という仮定がわからない部分をうめてくれるのです。ぜひ試してみてください。

実際にしゃべってみるとわかりますが、しゃべるうちにどんどん自分の知識が整理されてきます。体系化されてくるわけです。しゃべることで脳が活性化して、シナプス同士がくっついていきます。最初はあいまいでもかまいません。とにかくしゃべってみてください。

●思い切り語って「自分で自分に」教えてみる

せっかくしゃべるのですから、身振り手振りも交えて自信を持ってしゃべりましょう。スピーチ法は「自己講義法」とも呼ばれるのです。最初は恥ずかしいかもしれませんが、大勢の前で講義するように、あるいは誰かを説得するように、思い切り熱く語ってください。

感情を込めながら、オーバーすぎるほどのジェスチャーで説明するのです。そのほうが記憶に残りやすくなります。持っている感覚すべてを使う気でやってみてください。

ファイナンシャル・プランナーを目指している人なら、たとえば金融資産運用や不動産設計について語ってみてください。

会計士なら見直しが進められている減価償却費の仕組みについて、ケアマネジャーなら介護保険制度の認定について、といったように、社会的な問題と絡めながら口に出してみれば、熱の入り方も変わるでしょう。もちろん、会社の同僚や家族、友だちとの会話のなかで「実践」するのも結構です。

池谷裕二氏も「知識記憶」と「経験記憶」という二つの記憶の違いから、感情を込める効用を説明しています。

「経験記憶」とは自分の経験が絡んだ記憶であり、「知識記憶」は試験勉強で覚えたような、いわゆる「知識」「情報」にあたるものです。

「中学生時代を思い出せ」と言われてまっ先に頭に思い浮かぶのは、授業で習った知識より、友だちとの遊びやけんか、部活の練習の様子、校庭の広さといった体験や映像ではありませんか。つまり、「経験記憶」のほうが、圧倒的に印象に残りやすいということです。

ここでやろうとしていることは、一方の「知識記憶」を「経験記憶」に変える試みなのです。単なる知識でしかなかったものが、しゃべる経験と結びついて「経験記憶」となり、より思い出しやすくなるわけです。

ただし、いったん「経験記憶」となっても、だんだんと時が経つにつれて経験の部分が削ぎ落とされ、「知識記憶」に戻ってしまいます。池谷氏は何度もしゃべること、語ることを勧めています。また、目の記憶よりも耳の記憶がより強く残るとして、この効果をさらに強調しています。

06 「わかりたい！」が理解を促す

●覚えてないことを恐れるな！

「しゃべる」行為には、大きな効用がもう一つあります。「わかりたいという強い欲求を生み出す」ことです。

覚えたつもりの知識を口に出すことで、自分の勉強の成果に直面させられます。

思った以上にわかっているな、と気づいてホッとする場合もあれば、全然わかっていないじゃないか、と焦りを感じる場合もあるでしょう。

いずれにせよ、達成感や悔しさが、「もっとわかりたい」という欲求をかきたててくれるのです。

また、覚えたところと覚えていないところの区別がはっきりして、重点的に勉強すべきポイントが明確になることも重要です。何をやっていいのか迷っている間は、なかなか本気になれないものです。自分の課題がはっきりし、絞れば絞るほど、意欲が湧くのです。

これが、次のインプット、つまり勉強のときの集中力の向上につながり、理解・記憶をさらに向上させていくわけです。

ポッと空き時間ができたとき、あるいは、歩いている間でも、どんどんしゃべってみてください。人によっては、現実に直面させられる恐ろしい経験になるかもしれません。

しかし、目標達成のためには、あえて一歩踏み出さなければならないときもあるのです。実際にやってみると、思ったほど恐ろしくないことがわかるでしょう。妙な安心感を得ることもあるかもしれません。

●覚えた知識を描いてみる

ここまで紹介してきたのは、「スピーチ法・マッピング法」の「スピーチ」の部分です。

「マッピング」の手法や効用も基本は「スピーチ」と同じですが、難点は時間がよけいにかかることです。その点では、同じ時間でも何倍も復習ができるスピーチ法の方をお勧めしています。

もし書き出したほうが安心だという場合は、ただ項目を羅列するだけでなく、「マッピング」してください。

具体的には、トニー・ブザン氏が提唱するマインドマップ®の手法をお勧めします。

やり方は簡単です。まず、紙の真ん中に、今学習している分野の一番の主題を書き入れます。目次でいえば、たとえば章のタイトルに当たるような言葉です。そこから、木が枝葉を伸ばしていくように、それに関連するキーワードを書いていきます。章の下にある節の見出しなどが該当するでしょう。

さらに枝分かれさせて、各節の本文から抜き出した重要なキーワードを追加していきます。どこからでも自由に書けますから、はじめての人でもとりつきやすいでしょう。

メモというよりは一種の絵ができるわけですから、文字だけの場合より記憶に残りやすいということも非常に大きなポイントです。キーワードを、図の中の位置関係とともに記憶することができるのです。

図に書き込んだキーワードを拾いながらスピーチ法を行ってみるというのも一案です。

あとがき

さて「速読勉強術」はいかがだったでしょうか。

「なるほどね」「そんなにうまくいくの？」

いろいろな反応があることでしょう。どんな反応であれ、要はあなたが勉強したいものについての本やテキスト、問題集などを、「今」読みはじめるかどうかです。

「時間がない」「もう若くないから」「自分には難しすぎる」などなど、言い訳を口にするだけでは、本当に何もはじまりません。

とにかく、あなたが読みたい本などのページをめくりはじめてください。それも無理なら、とにかく、表紙だけでも眺めてみてください。「とりあえず」何かやってみましょう。

その、とりあえずの一歩から、すべてははじまります。

読みはじめても、「まったくわからない」「やっぱり難しい」と思うことがあるかもしれません。それでも、「とりあえず」もう一回読んでみてください。ほんの少しかもしれませんが、「わかった！」「これは簡単だ」と思えるところが必ず出てきます。

そして、そんなところがだんだんと加速度的に増えてくるのです。なかなか大きくならない雪だるまが一気に大きくなるように、あなたの知識もある時点から一気に爆発的に増えはじめます。

いくらたくさんの本を読んで勉強しても、それが自分自身の生活の向上に結びついていなければ意味がありません。大切なのは、読書をはじめとする勉強をあなたの生活とどれだけリンクできるかです。毎日の食事や睡眠と同じように、勉強を生活のなかに組み込み、学んだことを即、生かすことです。

この『速読勉強術』を知ったあなたには、それが可能です。勉強に追われるのではなく、あなたの人生のために、気軽に楽しみながら勉強をして、知識を使いこなしていきましょう。勉強はあなたの人生のためにあるのですから。

著者紹介
宇都出雅巳（うつで　まさみ）
東京大学経済学部・ニューヨーク大学スターンスクール卒業(MBA)。経済出版社、システムコンサルティング会社、営業コンサルティング会社、外資系銀行(マーケティング)を経て、2002年に独立。現在、信頼(トラスト)と尊敬(リスペクト)をベースにした組織･社会の実現を目指すトレスペクト経営教育研究所代表。NLP（神経言語プログラミング）マスタープラクティショナー・コーアクティブコーチング資格コース修了・CPCC（認定コーアクティブ・コーチ)。コーチ養成機関・CTIジャパンリーダー、オールアバウト「コーチング・マネジメント」ガイドを務めた。主な著書に『絶妙な「聞き方」の技術』『あたりまえだけどなかなかできない会議のルール』（以上、明日香出版社)、訳書に『売り込まなくても売れる！ 実践編』（フォレスト出版）などがある。高速大量回転法が生まれたメールマガジン『本当に一ヶ月でCFP®試験に一発合格した方法（現タイトルは「高速大量回転･勉強術／仕事術」)』のバックナンバーのご案内は、www.utsude.comまで。
e-mail : masa@utsude.com

本書は、2007年1月にすばる舎より刊行された作品に、加筆・修正を加えたものである。

PHP文庫　1日1分からはじめる
速読勉強術

2010年8月18日　第1版第1刷

著者　宇都出雅巳
発行者　安藤卓
発行所　株式会社PHP研究所
東京本部　〒102-8331 千代田区一番町21
文庫出版部 ☎03-3239-6259(編集)
普及一部 ☎03-3239-6233(販売)
京都本部　〒601-8411 京都市南区西九条北ノ内町11
PHP INTERFACE　http://www.php.co.jp/
組版　朝日メディアインターナショナル株式会社
印刷所　共同印刷株式会社
製本所　株式会社大進堂

落丁・乱丁本の場合は弊社制作管理部(☎03-3239-6226)へご連絡下さい。

送料弊社負担にてお取り替えいたします。

ISBN978-4-569-67491-9